读史

识人

知世

且修一世柔软心

FOREVER YOUNG

十一位传奇才女的人生往事

青梧 著

人民交通出版社股份有限公司
China Communications Press Co.,Ltd.

目录

序

有段旧梦
谓之民国

小说《神雕侠侣》中，杨过没有像段正淳一样，把陆无双、程英、公孙绿萼、郭襄等一众女子都揽入怀中，不仅因为小龙女太过优秀，也不是因为杨过痴情，而是，如果那样，他的感情分散了，就不能从对小龙女的爱情中得到那种前无古人后无来者的满足感。在个人体验上，投入与获得是成正比的，你投入多深，你的心就在多深的程度上受到震动。以此论断推测，杨过对小龙女的感情投入之深可见一斑。

正如王尔德在其小说中所说："新享乐主义的目的就是体验本身，而不是体验结出的果实，不管它是甜是苦。扼杀感觉的禁欲主义固然与之无缘，使感觉麻木的低下的纵欲同样与之格格不入。新享乐主义的使命是教人们把精力集中于生活的若干片刻，而生活本身也无非一瞬间而已。"杨过要的是强烈的感情体验，是把精力集中于某一片刻，而不是麻木低下的纵欲，他不是浅薄的韦小宝，满足于低层次的享乐。

所以，只有《神雕侠侣》中杨过这样的人才配得上极为优秀的小龙女。但是这样的人不但在金庸的小说里独一无二，在我们这世间也是少有的。

实际上，在世俗的社会中，爱情的天平总是失衡，不是你多一些就是他少一些，婚姻往往成了“可忍”与“不可忍”，只是“可过”，没有“可意”。丘比特的箭是盲的，这个小爱神蒙着眼睛胡乱射一通，就把两个不相干的人硬捏在一起了。

谁说《秃头歌女》中，一对夫妇对面不相识的情节只是剧作家虚构出来的。人们的情感生活，常似黑夜里的影影幢幢，很难看清楚多少人都孤独地舔着自己的伤口，爱情再也不是疗伤的良药。

没有热情的人，像一群蠕动的虫，一点点把自己的生命蚕食掉。

张爱玲说：“我以为人在恋爱的时候，是比在战争或革命的时候更素朴，也更放恣的。”

爱情是生命力的体现，是美好且崇高的事物。我们的教育从小就教导我们为国为民，却忽略了最基本最真实的人性的东西，个体生命的价值。其实，殉情与殉道同样可歌可泣。殉情是个传说，古时候倒有殉道，可是到了现在，这种“殉”似乎被人看成了愚蠢、愚痴。在某种程度上，殉于爱情不是失去自我，恰恰是珍重自我。这样的人不会因为现实险恶就向现实妥协，勇于享受爱情的浓度，才能体验生命的极致。

世人却多是浑浑噩噩过一生，没有活成自己。

从前有魏晋风骨，后来有民国风范。民国的那些自由精灵们，挣脱封建锁链，腾空而起。11个才女的思想和作为都满浸着民国自由精灵的精神。

辛苦奔走却客死异乡的萧红；为爱舍弃一切，却深陷“海一般深的孤独”的陆小曼；孤独无匹最终归于尘土的吕碧城……

她们或有自己的事业，或有自己的爱情，遵从本心，追求自己最想要的，保全了完整的自我。

对女性的艰难，萧红是深有体会的，“女性的天空是低的，羽翼是稀薄的，而身边的累赘又是笨重的”。一点不假，行走于世，女人比男人更艰难，尤其是在那个时代，到处是羁绊，到处是规矩，到处是闲言，到处是“不可以”。

庐隐却说：“我愿我永远是一出悲剧的主人；我愿我是一首哀婉又绮丽的诗歌；总之，我不愿平凡！”她倔强，凭着自己的喜好去处置自己的生命，谁管得着？她过不惯这个世界，她就拧着来，她不与这个世界和解，她宁愿她的人生是悲剧，也不和解。

至于陆小曼，更是随着自己的性子来，率真得让人怜惜；而林徽因却是她的反面，外柔内刚，行事妥帖。

还有蒋碧薇，作为大家闺秀，与爱慕的人私奔可谓壮举，之后宁做被呵护被关爱的情妇也不做空有名分的妻子又是一壮举。

我最喜欢的是张爱玲，活得恣肆汪洋。人家有那个资本，才高咏絮，目无下尘。她是最通透、最聪明的女子，具有哲人的思想，二十几岁就看透人生。对于感情，她更是一旦有了决断，便可把对方剔除得干净。看清自己的心后，随时放手，不蔓不枝，不牵不滞。

封建社会提倡的“女子无才便是德”，恰是培养逆来顺受品质的温床。男人喜欢控制，采用这种“愚女”的奸诈手段，他们要求女人“听话”“三从四德”“嫁鸡随鸡”。终于有一天，被压制的女人如雨后春笋，次第苏醒，再也不具备男人所要求的“听之任之”的品性，她们要的是“非如此不可”，然后如其所是地活着。

倒是给一些还生活在蒙昧中的现代女性提个醒，我们即是我们本身，也不再是任何人的附属品。

石评梅

不要用一生去试探爱

“我誓将我的眼泪时时流湿你坟前的碧草，直到我不能哭出来。” 象牙戒指的故事似乎已经模糊了，印象里这句话却清晰如昨。

认识石评梅是因庐隐的一篇纪念亡友的小说《象牙戒指》里的沁珠。现实生活中的石评梅——据说她是一个林黛玉型的女子，骨子里的才华，气质里的忧郁，使她的文字里缠绕着清冷的悲哀。

大凡至情至性而又颇具才华的女子多为情所苦，因为她们太过投入，如飞蛾投火，不留退路。

刚刚离开家门的少女又怎么知道世界复杂，人心险恶。石评梅要进京考学，开明的父亲自然支持，便把她托付给北大学生吴天放，希望吴能多加关照。石评梅从小读古书，腹有诗书气自华，再加上她本就清秀可人，这就让吴天放动了贼心，更加扮起他护花使者的角色。

一路上，殷勤呵护，把石评梅带进了京，又帮她找到下榻的旅馆。这旅馆就在他的公寓附近，如此安排，可方便联系。在这个陌生的城市，石评梅就吴天放这么一个熟人，所以难免对他更亲近些。

但是那时她还是长了一点小心眼儿的，女高师录取通知书下来时，吴天放又要送石评梅去学校报到，她婉言拒绝了。女高师的女学生眼尖嘴快，第一天上学就有个青年送她，怕会招出什么闲话来。吴天放表示理解，就帮她叫了人力车。

没过几天，吴天放就约石评梅去逛中央公园，逛逛公园也无妨，何况吴天放是一个风流倜傥的男子。他带着石评梅在北京城游逛，说话又有趣，石评梅也渐渐有了兴致。当走到王羲之的《兰亭集序》碑前时，她兴致勃勃地讲起来，当年王羲之与他的朋友们游览浙江会稽山的兰洛，在兰亭饮酒赋诗，是如何乘兴挥毫，写下这千古流传的碑文的。听得吴天放暗暗佩服，这是一个多么博学多才的女子啊。

他们走到一片花圃前，石评梅不禁为这些怒放的鲜花动容，欢快地游走其间，吴天放很高兴她有这样好的兴致，配合着她说：“满鼻扑香，这里的鲜花可都全了。”

“可惜没有梅花。”石评梅说。

就像一切都布置好了一样，吴天放不失时机地从怀里掏出一本精美信笺。他早在火车上就注意到石评梅帕子上绣有一枝梅花，又因为石评梅原名叫汝璧，是自己取名评梅，他猜到她喜欢梅花。在石评梅等录取通知的这些天，他天天跑图书馆，饱读了关于梅花的知识。可谓用心良苦。

石评梅正在慢慢陷入他私欲的罗网。

她一页页翻着，信笺左下角印着“评梅用笺”小字，每页不同的梅花争妍斗芳，还各题有两句咏梅诗，“疏影横斜水清浅，暗香浮动月黄昏。”石评梅情不自禁地吟诵出来，她说她最喜欢林逋这两句。他们谈起梅妻鹤子，谈起各种梅花。吴天放就把他这几天做的功课用上了，他开始引用《范村梅谱》。

石评梅问：“没想到你对梅花谱这么有研究。”

他乘机说：“因为，我爱梅！”

“你也爱梅？”石评梅不禁叫道，然而话音未落便领悟了吴天放的意思，脸上有了红晕……她匆匆走到前面去，岔开了话题。

也许，这个时候，石评梅是“心如鹿撞”的吧。

有哪一位少女能够抵挡这样的诱惑，何况没有抵挡的必要，此时，她还不知道他背后的东西。

吴天放趁热打铁，他们相约郊游，品诗论赋，谈古论今。当时吴天放是一家刊物的诗歌编辑，而石评梅又有很深的文学修养，志趣相投更让这缕情丝紧密缠绕。

但是，“上帝错把生命之花植在无情的火焰下。”

有一天，石评梅因为临时要去听课，不能赴第二天的约，她就去吴天放的公寓找他，看到门口一个小孩儿正在玩耍，小孩儿问她找谁，她说找吴天放，小孩儿说，吴天放是他爸爸。当时石评梅的感受，一定是如同五雷轰顶。

这样的事情一再上演，不只是在那个时代。我有个女友，也是与一网友网上尺素传情多年，网友甚至称不能一天不联络她。直到有一天，他不小心说“我女儿……”她差点当场晕倒，“你有女儿——”她疯狂地咒骂他，说他骗她，他恬不知耻地说：那不是欺骗，那只是隐瞒，你也从来没问过我嘛。别人没问我，我怎么好把自己的家事都往外说。我的女友当场斩断了与那个网友的关系。

但是，石评梅始终没有那么斩钉截铁。一开始她要他给个说法，吴天放怎么舍得下自己的妻儿，他只是想要维持一种私情，他的贪婪让他不顾一切地侮辱石评梅。石评梅不甘这样的屈辱，决定一刀两断时，他就扬言要把他们的情书在报刊上公开。生性孤傲的石评梅愤怒地指责他的欺骗，但是吴天放并不只耍硬手腕，他是软硬兼施，他一边威胁她，还一边跪在她面前，乞求饶恕。

这是一个怎样贪婪无耻的男人，一边享受着自己妻儿带来的天伦之乐，一边让另一个女子孤寂地夜夜等到天明。我曾经在另一本书中总结过这种男人的四个特点：贪婪，自私，懦弱，无耻。他们侮辱起别人来是那样的理直气壮，理所应当，仿佛天下的女子就是为他们准备的。当石评梅决定与另一个真正爱她的男人建立关系时，他竟跳出来捣乱，写信给石评梅："一方面我是恭贺你们成功；另一方面我很伤心，失掉了我的良友……我总觉得这个世界上，所可以安慰我的只有你，所以你一天不嫁，我一天就有安慰。"

人家凭什么用自己的"不嫁"来"安慰"他？但是石评梅本身心性又是懦弱的，多少个过往，多少个熟悉的画面，已深深地刻在她心上，触及每一个拐角处都会心痛。她无法让伤口自行愈合，她对自己狠不下来，对吴天放也狠不下来。她在日记里写道："情感是个魔鬼，谁要落在他的手中，谁便立刻成了他的俘虏。”

是的，健康的爱情可以让两人一起飞翔，而自私的爱情只会让人画地为牢。这是一场你死我活的争夺，一方的利益是另一方的耻辱。所以，要么心痛，要么屈辱。有人说我没有囚禁你，你是自由的，你可以自行选择，可是这选择是多么残忍，局限在两者之间，要么忍受屈辱，要么承受痛苦。这是一种变相欺骗，变相欺辱罢了。

她无可奈何。唯有怒斥：“你毁了我的一生。”

在人生的某些阶段里，我们的一切确实在他人手中掌握，因为我们活得太真了，把自己的生命毫无保留地投入他者。这便是爱情的本质，要么冒险，要么不进入到那个境界。如果对方诚实，皆大欢喜，但是，一旦遇上贪婪者给你一份不对等关系，就够你受的。

石评梅暗下决心再也不会恋爱了。和着泪水，写下这样的诗句：

缠不清的过去，

猜不透的将来？

一颗心！

他怎样找到怡静的地方？

她的青春彻底疲倦了。

真正的投入把心烧成灰烬，不容易转身。

所以，当高君宇捧着一颗真诚的心走近她的时候，她心动了，也陷入两难了。

那是在一次同乡会上，高君宇正在演讲，他的声音洪亮，清脆，人虽不算漂亮，但给人一种温厚善良的感觉，他沉稳，宁静，诚挚，身上有一种炽热的力量。石评梅很欣赏地看着他，被吴天放看在眼里，脸上有了阴翳。他就跟她讲起高君宇来，他说高君宇说了很多激进的话，做了很多激进的事，吴天放的语气阴阳怪气，不知道是赞扬还是讽刺。

石评梅说，高君宇是她父亲的学生，父亲经常提起他，称赞他“立意深造，勤苦力学，所作诗文，多有奇气”。且谈吐不凡、气宇轩昂，众人交口称赞，将来必成大材。

吴天放又说：“高君宇在山西办的那个《平民周刊》，那是反阎的刊物，让阎锡山给查封了，他又迁到北京继续办，还通过铁路工人秘密运回太原。”

石评梅说：“我看过几期《平民周刊》，觉得说了很多真话，你不觉得办刊物和做人一样，最重要的是说真话吗？”

这时候，高君宇那慷慨激昂的演讲也要结束了，人们陆续离去，石评梅让吴天放先走，她要和高君宇说几句话。

高君宇正把几份报刊往手提包里装，一抬头看见一个俊俏的少女正含笑望着他。

石评梅说自己是石铭的女儿。“原来是老师的女儿！”高君宇赶紧过来问候。他和石评梅谈起五四运动，见她感兴趣，就耐心地给她做解释，还从包里拿出几本进步刊物借给她看。

石评梅与高君宇分手后，回到自己的住处，看见吴天放站在胡同口等她，一股温暖的感情油然升起，她泪水盈盈了。

吴天放很狡猾，他要用感动防止她的心的游离，把她向外看的目光扼杀在萌芽状态。这时候，吴天放还没有暴露有妇之夫的身份，所以石评梅对高君宇也只是欣赏，她因敬佩他而爱惜他，同乡会后写信给高君宇，嘱咐他“我希望你不要整日疲于奔命于你的冒险事业，我只希望你自珍身体，免为朋友所悬念，有暇希望来校看我。”她知道他是爱国的，“你本人无疑也是令人敬仰的热血青年，希望能经常互相磋切。”因为她自己也是惆怅烦闷、找不到出路的，就像那时候大多数有志青年一样，内心苦闷。

很平常的一封信，却如一股暖流，流遍高君宇的心。他从来没有过这种感情，温暖且令人倍感安慰。高君宇不由自主地想了解她，亲近她，但是，又隐隐地不安，因为他是有妇之夫。

封建婚姻的枷锁早早套在他的头上，高君宇15岁时，父母逼他与李寒心结婚，他抗婚但没有用处，于是离家出走，考入北大。那个时候包办婚姻的受害者很多，鲁迅之于朱安，胡适之于江冬秀。同样是有妇之夫，但是高君宇跟吴天放不一样的是，他有敬畏心。

在他不能作出决定的时候，他不会任其发展，不会放任自己的私欲沉沦。

听从本心和随心所欲，看起来同样是自由，但本质不同，在这个世界上，有些生命的价值是上升的，有些却是下降的。遵从本心是成全生命的价值，是上升的，但是随心所欲地沉沦，是下降的。能够自己操控自己的意念才是真正的自由，沉沦却是外界的环境把他往下拉，那不是自由，那是对人之劣性的放纵。

高君宇在心里叹息着，把自己的感情压下去，避免见面。

他也确实很忙，他有他的理想，有他的工作，所以暂时没有在感情里沉沦。他是李大钊建立的共产主义小组成员，与邓中夏、张国焘等组织马克思学说研究会，与邓恩铭等代表中共赴苏联参加共产国际召开的会议，所以有好几次，石评梅在同乡会上没有见到他的身影。她的苦闷需要倾诉，所以就写信给高君宇，诉说自己“说不出的悲哀”，并嘱咐高君宇“以后行踪随告，俾相研究”。

如果她不爱他，为什么又让他对自己起心动意呢？她需要他，却不想让他对自己有“非分之想”，打着探讨人生幌子的暗示情感是不是对他有些不公平呢？高君宇果然回信问她为何起了悲哀，表示尽自己最大的力量“救济”她，常与她通信。

此后，石评梅将对高君宇的感情限制在某种程度之内的想法与决心，就很难做到了。他赠她的手书《陋室铭》，被她诚心地贴在墙上。他影响着她的思想，她也让他陷入情网难以自拔了。

太相知，太投契，是人为断不了的。情愫如丝，暗暗地把他们两个系在一起了。

再加上后来知道了吴天放的欺骗，石评梅痛苦不已，忍不住向高君宇倾诉。而高君宇对她的感情也日渐深厚，他觉得自己已经离不开她了，这时候他才开始正视自己的内心。终于在西山养病时，寄给石评梅一封夹着红叶的信，诉说衷情：

满山秋色关不住，

一片红叶寄相思。

君宇

十月二十四日采自西山碧云寺。

吴天放对石评梅造成的心灵创伤还没有平复，她退回了高君宇的求爱红叶，并在红叶背面题写：“枯萎的花篮不敢承受这鲜红的叶儿”。

情至深处，高君宇的复信是言不由衷的：“退回的红叶收到了……所以我仅通信而不去看你，也害怕这种感情的流露。红叶题诗，那是久已在一个灵魂中孕育的产儿。但是，朋友，请不要为红叶而存心，要了解是双方的，我至今不能使你更了解我，是我的错，但也有客观不允许的理由，这只好请你原谅了……”

他自知缺乏示爱的资格，所以请石评梅原谅，但又难掩深情。为了尊重石评梅，为了尊重这份感情，他决定与家中的妻子离婚。爱情有时候是残忍的，但是高君宇光明磊落，他谁也不欺骗。他既不欺骗石评梅，也不欺瞒自己的妻子，他只遵从自己的内心。只是石评梅初恋受挫，抱持着独身的素心。

他说他只有两条路可走了："爱与死耳"。但是他不会仅仅为爱情而哭泣，他要——"吾心已为Venus（维纳斯）之利剑穿贯，然我决不伏泣于此箭，将努力开辟一新生命。"

面对他的决心，石评梅陷于矛盾的煎熬之中，她说自己的独身素志并未改变，经历了剧痛的心最需要安稳，她害怕这份深情。她不接受他的爱情，只是写诗鼓励他一心放在革命上，"取人间的血，濡染你刀上的花。"她让他的心转移方向，他倍感绝望。甚至无可奈何地说："为了不妨害你对过去的忠诚，不再为君所不愿之要求了。"

说归说，他终究管不住自己的感情。1924年2月，北洋军阀到处通缉高君宇，他在逃亡之际，冒险去向石评梅辞行。之后，便在工作间隙与妻子离了婚。他将此消息告诉石评梅，石评梅却再次让他失望，她说要与他做同志，以事业度过这一生的同志。就像《雪山飞狐》里，胡斐要与程灵素结拜为兄妹，把两人的关系固定在那里，再也不能向着爱情的方向趋近。一次一次的拒绝让高君宇的内心十分凄楚，他悲哀地表白着："我是有两个世界的，一个世界一切是属于你的，我是连灵魂都永禁的俘虏；在另一个世界里，我是不属于你，更不属于我自己，我只是历史使命的走卒。"

石评梅深深地自责：“我现在恨我自己，为什么去年不死，如今苦了自己，又陷溺了别人。”她作诗《青衫红粉共飘零》表达自己内心的痛苦：

怜君青衫感飘零，
怨她红粉弹别弦。
世事无常唯余恨，
人情悟尽便是禅。

花魂诗神证夙缘，
杜鹃泣血不知年。
冰天博得知己泪，
英雄心情总黯然。

高君宇的心情黯然，她是懂得的，但只能回报以“知己”，怨只怨她弹了吴天放这根弦。好友陆晶清也曾劝她，不要辜负高君宇的苦心，可是，她的心成了“石头”。

石评梅患猩红热，高君宇侍药送水，她感激涕零，却心门紧闭。精诚所至，金石为开，高君宇身上就有这股子锲而不舍的拗劲，或许这就是张爱玲说的“我爱你，与你无关”，爱你，至死方休；想你，时时刻刻。

高君宇作为孙中山的助手指挥镇压叛乱，他的汽车遭到枪击，窗玻璃碎了一堆，他的手受了伤。在这样的时刻，他第一时间就想到了石评梅，如果死了就再也见不到心爱的人了，他庆幸着，买了两枚象牙戒指，一枚留给自己戴，一枚夹着几块碎玻璃寄给了石评梅。似乎预示着，再不珍惜我们这段感情，就没有机会了。他在附信中说：“愿你承受了它。或许你不忍，再令它如红叶一样的命运吧。我尊重你的意愿，只希望用象牙戒指的洁白坚固，纪念我们的冰雪友情吧……”

“为什么会是象牙戒指，这白骨般的戒指——”石评梅化为沁珠在庐隐的小说《象牙戒指》中问。如果不是象牙的，如果是——

或许高君宇就不会死，他们的这段感情就不会这么凄惨。

这一年冬天，高君宇因劳累病重，住进了北京一家德国医院。

1925年春天，他又得了急性盲肠炎，身体每况愈下。石评梅去看望他，但还是坚持独身的夙愿，她请他原谅。他握着她的手说：“珠，放心。我原谅你，至死我也能了解你，我不原谅就不会这样缠绵地爱你了。但是，珠！一颗心的盼赐，不是病和死换来的……我现在不希望得到你的怜恤同情，我只让你知道世界上有我是最敬爱你的……”

面对他的挚诚，她的心似乎如这个春天来临一样，也有坚冰融化的迹象。她安慰道：“你若果能静心养病，我们的问题，当在你病好时解决。”

然而就在这个时候，吴天放像一个阴魂，晦气地出现了，“一方面我是恭贺你们成功；另一方面我很伤心，失掉了我的良友……我总觉得这个世界上，所可以安慰我的只有你，所以你一天不嫁，我一天就有安慰。”

谁要你的恭贺，谁要你的伤心，你凭什么把我的不嫁当成你的安慰？貌似表达情愫，内含龌龊的威胁，利用石评梅的善良与优柔。

然而吴天放这几句阴阳怪气的话却让石评梅痛哭一场。刚刚允给高君宇的结合又被她推翻了。

真正的绝望袭来，高君宇的病情恶化，转入协和医院。但是就在这个时候，他还在顾及石评梅的感受，为了不让她担惊受怕，没有让她陪同。

此后，便成永诀！

1925年3月5日，高君宇因手术大出血而死去，他至死没有得到石评梅确切的回复。那一年他才29岁，就这样孤独地离开了这个世界。

听到这个噩耗，石评梅昏厥了。此时，她悔恨交加。她辜负了高君宇一片深情，她将她的爱情再次埋葬。

高君宇入殓时，石评梅把自己的一张照片放在他身边。

“碧海青天无限路，更知何日重逢君。”石评梅写下悲痛的挽联。

追悼会沉痛而庄重，李大钊、王若飞、邓颖超等人出席了追悼会。因为高君宇生前曾在陶然亭从事革命活动，所以留有遗愿，希望死后能葬在陶然亭。石评梅遵其遗愿将他葬在陶然亭畔，并将他生前题在照片上的诗句，以隶书铭刻在他的墓碑上：

我是宝剑，
我是火花。
我愿生如闪电之耀亮，
我愿死如彗星之迅忽。

墓碑的另一侧刻写着：

君宇，我无力挽住你迅忽如彗星之生命，我只有把剩下的泪流到你坟头，直到我不能来看你的时候。评梅

高君宇带走了她的情感，她对他的爱情在他死后坚如磐石。人，总是这样，只有失去了才知道珍惜。她在给友人的信中说："宇死后我更不敢在人间有所希望。我只祈求上帝容许我忏悔，忏悔自己的过错，一直到死的时候……快了，我快要到那荒寂的旷野里，去伴我那多情的宇。"

有些人的名字不被提起，有些人的名字却刻骨铭心，令人终身不忘，比如高君宇，然而那名字却只能在墓碑上读了。

石评梅手上一直戴着那枚象牙戒指。她此后的诗更加哀怨凄凉。

《梦回寂寂残灯后》：

你为什么不流血沙场而死，你为什么不瘐毙狱中而死？却偏要含笑陈尸在玫瑰丛中，任刺针透进了你的心，任鲜血掩埋了你的身，站在你尸前哀悼痛哭你的，不是全国的民众，却是一个别有怀抱，负你深爱的人。

清明节，她又在高君宇墓前写下《墓畔哀歌》：

我爱，这一杯苦酒细细斟，邀残月与孤星和泪共饮，不管黄昏，不论夜深，醉卧在你墓碑旁，任霜露侵凌吧！我再不醒。

石评梅的作品充满清冷悲哀的色调，她喜欢用“冷月、落花、哀鸣、孤坟”等悲凉的词汇，这与她脆弱、善感的古典气质有关；爱情于她，是非常神圣的，虽凄苦亦甜蜜，如泣如诉，哀怨缠绵；她的文字是用眼泪串成的，但不是一味自哀自怜，其中充斥着女性情感的觉醒，个性解放的现代意识，到最后甚至成了一种热烈的呐喊。

如女作家庐隐对她的评价：（石评梅）早期的作品都是些小情小趣，卿卿我我，惜花怜月，失于浅薄，倒是后来，“由悲哀中找到了出路……下观人世的种种色色，以悲哀她个人的情，扩大为悲悯一切众生的同情了……她不但替她自己说话，同时还要替一切众生说话。”但是这种奋发没有延续多久，她就随高君宇去了。

两年后的深秋，石评梅因患脑膜炎病逝。巧得很，她也是于协和医院病逝，与高君宇病逝在同一医院，同一病室，甚至同一时刻。

好友庐隐在整理石评梅遗物时，在她枕头下发现了一本日记，日记里夹着一张高君宇的照片，还有那片被退回的红叶。扉页上写了两行字：

生前未能相依共处，

愿死后得并葬荒丘！

陆晶清、庐隐等友人遵照石评梅的遗愿，把她葬在陶然亭畔高君宇墓旁。并排的两墓似乎在相依相伴，石评梅墓的四角白玉剑碑与高君宇碑型一致，上面刻着：故北京师范大学附属学校女教员石评梅先生之墓。合葬之处，春风对青冢，将爱恋化为永恒。

“为什么会是象牙戒指，这白骨般的戒指——”是否预兆了他们的不幸？青冢相伴，凄凄话生前。

不知道人死后是否真的有灵魂，我希望是有的——

没有怨恨，有的只是相依，谁也不会去打扰他们，谁也打扰不了他们，人世间曾经的恩恩怨怨都是多么的微不足道啊！那个男人还活着，陪着他并不爱的妻，那本书也存在，只是这一切都与他们无关了。所有的插曲都只是最终结局的点缀，陶然亭里，两只蝴蝶在飞舞——

这一年石评梅不满二十七岁，仅仅6年的创作生涯让她留下了小说、诗歌、散文、评论等各种体裁的作品，友人陆晶清、庐隐等人为她编辑了集子《涛语》《偶然草》。这些美丽的文字随着她的香消玉殒留下来，正如她的学生李健吾为她写的悼文："她自己是一位诗人，她的短短的一生，如诗人所咏，也只是首诗，一首充满了飘鸿的绝望底哀啼底佳章。我们看见她的笑颜，煦悦与仁慈，测不透那浮面下所深隐底幽恨；我们遥见孤鸿的缥缈，高越与卓绝，却聆不见她声音外的声音。"

石评梅，庐隐，萧红，张爱玲，民国时的四个才女，却各自收获着自己的不幸。仔细比较，只有张爱玲逃脱了早夭的命运，因为她的冷漠？她的决绝？

有时候我想，爱情不过是魔鬼跟你开的玩笑，他恶作剧般地设下一个又一个美丽的圈套，而人都有着对美的向往，张爱玲跳出了这个圈套，冷静地置身于高处，石评梅却死了，犹如落花。

陶然亭里的爱情，仿佛梁祝化蝶般的浪漫，只是这场悲剧不是因为封建礼教的迫害，却是因了主人公自身的矛盾，她徘徊于过去与现在之间。世间男子啊，如果你不能爱她，为什么不放过她？

高贵是很奢侈的一个词，不要奢求一个平庸的男人可以为了你的幸福而舍弃自己的欲望，你所能做到的唯有自己定夺，不要去看他的态度，如果他的爱不足以让你幸福，请你走开，走向高君宇。可是，如果高君宇没有死，谁会知道那徘徊的脚步是极大的错误？她徘徊着，踟蹰着，害怕这份深情。

可是，一个担当不起高贵这个词的男人，不值得你为他放弃整个世界。

君子坦荡荡，高君宇对于自己已有妻室毫不讳言，让我稍有震撼，就像吴天放威胁石评梅要把他们之间的所有书信刊在报纸上的时候一样震撼——两个灵魂，互为明镜，照出了他们的高尚和卑鄙。

高君宇，多么爽朗的人，他的心是放在阳光下的，他的行为也是放在阳光下的。石评梅却仍旧犹豫，为了那个自私且卑琐的灵魂。真的，坚定一点吧。因为你没有多少眼泪去灌溉君宇坟前的碧草，两年的时间就会灯枯油竭，泪尽而亡。

庐隐

我就是喜欢玩火，宁愿化为灰烬

陶然亭里的爱情，太浪漫，像诗，像画，像一个迷梦，美得有些不真实，在最动人的时刻终止。可是柴米油盐，贫贱夫妻，悲哀之事就出来了。为石评梅的爱情写传记小说《象牙戒指》的庐隐，就深刻地体验了生之悲哀。

庐隐的父亲是举人，其家也算是小康之家，但是庐隐生不逢时。她刚刚生下来，外祖母就去世了，所以母亲觉得她不吉利，把她交由奶妈抚养。2岁时，她全身生疥疮，3岁时还不会走路和说话，身边所有的人对她都不待见。或许是逆反成长，她并没有因此养成低眉顺眼的小女儿心性，她爱哭闹，又执拗。

她曾差点被父亲在赴任长沙知县的途中扔到水里去，而她母亲在宴客时，也把她锁到另一个院子里去，嫌她丢人。后来，父亲因病去世，庐隐一家被舅父接到了北京。舅父是清朝农工商部的员外郎，兼太医院御医，家里高门大院，回廊曲折，花园绚丽，在众多的房子里住着众多的表姐妹。

众姐妹都上学去了，庐隐却只能跟着姨母读《女四书》，天天只是背，背不上来姨母就用竹板打她。她恨这里所有的人。即使后来进了教会学校读书，她也是过着最艰苦的生活，脚上长疮，差点致残，又因肺病而吐血。虽然家里有钱，她却和穷苦人家的孩子一样吃老米饭、窝窝头和不放油的咸菜。她懵懂而厌倦地看着周围的一切，小小年纪便想到了死。

叔本华说："除以受苦为生活的直接目的之外，人生就没有什么目的可言。"

佛祖释迦牟尼也说，人生来就是受苦的。

家家有本难念的经，人人都有各自的苦难要承受。含着金汤匙出生的陆小曼饱尝寂寞凄凉之苦，生于地主之家的萧红受尽情爱之苦，十全十美的吕碧城却也有未得一心人的遗憾……

为求心灵的安慰，有些人走向艺术，有些人皈依宗教，有些人在爱情里沉沦。

艺术，并不是所有人都具备相应的灵性；爱情，是很不可靠的彼岸。唯有宗教，老幼皆宜。在教会学校里，一位美国太太用颤抖的声音对庐隐说："亲爱的孩子，上帝来祝福你！"

庐隐说，"我没有看见上帝，他在哪里？"

"上帝时时刻刻都在你的左右，你是看不到他的，但是他却守护着你……主呵，用你绝大的力量，让这个可怜的孩子皈依吧……"那位太太虔诚地祈祷着，并流下眼泪来。

弱小的庐隐也跟着哭起来，她说："我信了，我真的信了。"她后来说："宗教的信仰，解除我不少心灵上的痛苦，我每次遇到难过或惧怕的时候，便虔诚地祷告，这种心理作用，我受惠不少……多亏宗教信仰，不然我那童年的残破的心，必更加残破了。"

受尽冷眼的日子并未一直持续，庐隐拼命用功，大哥指导她习作短文，她终于考上高小。母亲和亲戚面上有了喜色，后来她又考取师范学校预科，家人对她更是刮目相看。

有些人生来就不讨人喜欢，比如傅红雪，他在所有人的冷眼中变得性格乖戾，庐隐却成了很现实的女子，充满人间烟火味，她性情豪爽，热情。在师范学校里还与同学组成了"六君子"，以"笑"来发挥她们的调皮。

随着日渐长大，美与不美的观念生出来，庐隐长相平平，她自嘲“丑小鸭”。似乎在中国，爱情与美貌成了正比，平庸的面容不容易获取浪漫的爱情。张爱玲有一极端的说法：没有一个女子是因为她的灵魂美丽而被爱的。中国男人还没有达到能欣赏灵魂的程度。

但是庐隐的爱情来了。

酷爱读小说的庐隐到处搜罗小说。有一次去舅父家，认识了远亲林鸿俊。林鸿俊是个挺漂亮的青年，人也聪明，虽然读书不多，但也让人眼前一亮。两人攀谈起来，庐隐向他借了小说《玉梨魂》。这本小说情节凄婉动人，女主人公的遭际让她流了很多眼泪。她与林鸿俊两人谈得多了，渐渐亲密起来，林鸿俊觉得她是多情的人，也将真心付与，把平生不幸都告诉她，引来了庐隐的同情。

同情不是爱，这是错误的根源。所以他们修不成正果。

然而庐隐却将这种同情继续发挥下去。林鸿俊到家里来求婚，庐隐的母亲和哥哥都不同意，觉得他不会有什么更好的前程，家境又贫穷，配不上已非“笨小鸭”的庐隐。但庐隐的同情在这时起作用了，越是被人反对的爱情越能激起当事人的反抗。

她给母亲的信中说：“我情愿嫁给他，不管将来命运如何，我都愿承受。”拗不过倔强的女儿，母亲只好答应，还给了林鸿俊一笔钱，供他去上大学。母爱在庐隐能自己做主时开始呈现，尽管来得有些晚，但还是来了。

张爱玲说，这个世界是丰富且混沌的。亲人之间，哪里有绝对的爱与恨呢？偶然的心结让母亲对庐隐看不顺眼，渐渐生厌，所以总是把她的好扒拉到一边去，眼不见心不烦，可终究还是自己的孩子，爱是难免的。一边厌恶着，一边又心疼，这是很复杂的母爱。

要么要，要么全不要，庐隐对母亲这种态度也是厌烦的。

她只想远走高飞，摆脱家庭，仿佛小鸟摆脱牢笼，“……到火车站，我匆匆地买好车票，雄心万丈似的跳上车子，当车轮蠕蠕而动，我和表哥告别时，在我心头没有离愁，没有别绪，只有一股洒然的情绪，充塞着我的灵宫。我觉得这十余年如笼中鸟般的生活，我实在厌倦了，时时我希望着离家，去过漂流的生活，因为不如此，似乎无以发泄我平生的抱负。我虽是一个女孩儿，但在这时节，我的心肠没有温柔的情感，我羡慕飞剑侠，有时也希望作高人隐士，所以这一次离家，我是充满了骄傲，好像一只羽毛已经长成的鸟儿，从此天涯海角任我飞翔。”

她要自己闯这个世界去了，要撑起一片天地来，可是，事不如愿。她的同学即在省立安徽女师附小当校长的舒畹荪女士邀请她到女师附小授课，教国文、史地等课，很快她就觉得枯燥无味，半年后便回了北京。

后来，她又经母校校长推荐，去开封女子师范大学当教员。她从来不是低眉顺眼的人，激烈的言辞让同事排斥，再加上一个萝卜一个坑，每个同事都想保住自己的饭碗，庐隐首先成了被挤掉的对象。又熬了一个学期，庐隐逃回了北京。希望她能安定地做份工作的母亲骂她没长性，表姐妹们也开她的玩笑，送她一个雅号：学期先生。

像一次次被贬黜远方更远方直到海南岛的苏轼一样，庐隐也是一肚子的不合时宜。她当然没有苏轼那样“竹杖芒鞋轻胜马，谁怕？一蓑烟雨任平生”的胸怀，她忍受着家人的嘲笑和挤兑，把头低得更低。

1919年秋天，庐隐考进了北京女子高等师范学校国文部，因为过了考期，只能作旁听生，但她学习成绩优秀，经过学期考试，成了正班生。

因为一篇作文，庐隐的名声在大学里慢慢传开，但是她没有“躲进小楼成一统”过自己的写作生涯，而是与十几个志趣相投的人组织了一个秘密团体——社会改良派，她从此成了活跃的“社会人”，一心想担起社会责任。

她的眼界开阔了，思想成熟了，在这群进步青年的熏陶下，庐隐渐渐觉得林鸿俊思想平庸，与她聊不来了。她提出解除婚约。理直气壮地说：“我羡慕英雄，我服膺思想家”，却没想想林鸿俊当初也不是英雄啊，是她自己力排众议，非要与人家订婚。

遇到蔡锷之前，小凤仙也懵懂，直到遇到真英雄，她才说：“非英雄不嫁”。庐隐又遇到了谁呢?

郭梦良，一位无政府主义者，他虽然对社会活动不热衷，但写得一手好古文，常有文章在杂志上发表。北京中央公园来今雨轩召开文学研究会，他与庐隐经常参加，两个人极为投契，在庐隐的眼中，这就是她的思想家，她的英雄吧。

但是，使君有妇。

似乎那个时候的男人都是这么不负责任，早早地有了自己的没有爱情的被“绑架”成婚的妻。进步青年女子所到之处都是这类“骑马找马”者，几乎成了一种风气，处处是地雷。庐隐没有像石评梅那样被这种夹缝生存毁灭，她倒更像乔治·桑，身上有一份蔑视世俗的勇气。但是中国不是法国，她没有乔治·桑那种力量。她不顾家庭、朋友的反对，不顾强烈的社会舆论，在上海一品香旅社与郭梦良举行了婚礼。只有好友苏雪林为她辩护说："不应当拿平凡的尺，衡量一个不平凡的文学家。"

庐隐以为，只要有爱情，什么都不是问题。现实让这个理想主义者尝到了苦头。

新婚的欢娱是短暂的，庐隐与郭梦良应郭父之命回福建老家探亲，看到郭梦良的妻子她才明白自己的处境，卑微而尴尬。她感觉到了周围的歧视和嘲弄，处处是冷遇，"做小"的耻辱让她郁结于心。在致好友程俊英的信中哀叹道："……过去我们所理想的那种至高无上的爱，只应天上有，不在人间……回乡探视，备受奚落之苦，而郭处之泰然。俊英，此岂理想主义者之过乎？"

庐隐与郭梦良又回到上海。郭梦良忙于自己的事业，无暇顾及庐隐，这时候他们的女儿出世了。庐隐应付家庭琐事，照顾孩子，只好把自己的理想——写作丢在一边，她第一次品尝了"贫贱夫妻百事哀"的苦果。庐隐在写给友人的信中连连叹息："我现忙于洗尿布，忙于柴米油盐，而收入甚微，不得不精打细算。营养不良，我们身体都欠佳。啊，这就是人生！"这就是人生？！更不幸的是，与丈夫生活了才两年多，郭梦良就因肠胃病去世了。她自怜自叹："我常自笑人类痴愚，喜作茧自缚，而我之愚更甚于一切人类。”

她绝望至极，但强忍着悲痛，带着女儿送丈夫的灵柩回福州安葬。然后便在福州女子师范学校任教，住在郭家。郭梦良在老家的妻子并没有为难她，但是婆婆却看她不顺眼，按封建传统规矩，她不是正妻，她与郭梦良的婚姻也是不被祝福的婚姻，这使她背上了不守妇道的恶名。婆婆待她相当刻薄，处处指责她，她晚上点煤油灯都被恶骂一顿。

在中国，名分很重要。你不在乎，众人在乎。你不在乎众人，众人就想方设法让你不得不同她们一样，认可名分。庐隐实在无法忍受，就带着女儿离开郭梦良的福州老家，来到了上海。这个时期，她写了《秋风秋雨》《灵海潮汐》等文章，文风凄苦，记载着这段黯淡的日子。

在上海任教期间，庐隐只能住进女生宿舍，课余，继续写作。她总是一副愁容，对朋友感叹，是男人和爱情害了她。可是，男人是她自己选择的男人，爱情是她自己选择的爱情啊。有情皆孽，何况众人反对的爱情，即使是真爱，也会被“不被认同”损耗掉吧。何况又是那样的贫穷——萧红曾经描述过贫穷，真是可怕呢！

这段时期，接二连三的打击不期而至，她经受着一次又一次的死别。母亲死了，因为她执意要嫁给郭梦良，母亲一病回乡，积郁成疾，终于不治而亡；丈夫死了，拼尽力气得到的爱情昙花一现；曾经指导她写作的哥哥也死了；挚友石评梅也离她而去，石评梅生前，她们经常相约去散步，谈心。那段时期，她时常跑到陶然亭荒冢放声痛哭，像个疯女人一样高歌狂舞。

人们把庐隐当成阮籍、嵇康一类的人物，使她落得一个浪漫至情的美名。她说，哪里是浪漫，那是痛苦，无法言说的痛苦啊。石评梅死后，她失去了唯一能够听她倾诉的人，整日沉浸在“悲哀的海里，我但愿早点死去，我天天喝酒吸烟，我试作慢性的自杀。”

这个时期，她写了中篇小说《归雁》。

这篇小说充满了矛盾的感情，一面痛恨自己脑中的封建余毒，不敢打破礼教的藩篱；一面渴望燃烧，追求自我。她为这种不协调煎熬着，为这种痛苦呼喊着，她说自己是被旧势力打败了，“那一只受了伤的归雁，仍然负着更深的悲哀重新去飘泊了。”

哥哥死后，庐隐的悲哀达到了极限。或许是置之死地而后生，她大病一场后，重新活过来，开始积蓄力量。她要把这世界的缺陷填充起来，她要努力，向着生命的光明……

随着信心重拾，爱情再次来到她身边。

瞿冰森比庐隐小几岁，他还在上大学。

庐隐不敢接受他的爱情，她在《归雁》中写道："我最怕人们窥到我的心，用幸灾乐祸的卑鄙的眼光，怜悯加之于我的时候，那比剐了我还要难过。"这个时候，她已经把自己包裹起来，她不愿任何人看到她心上的伤疤。她既害怕别人幸灾乐祸的心理，又厌恶怜悯。她战战兢兢，如履薄冰，把爱情挡在门外。

庐隐拒绝了瞿冰森。瞿冰森哪里知道她的苦心，他像个负气的孩子，竟然找了个漂亮的小女友，带到庐隐面前去招摇，以激怒她。他的幼稚再次伤害了她。

向往爱情的庐隐，是可以为爱情牺牲一切的，可是，她越来越看清，爱情，只不过是一场幻梦，一遇到冰冷的现实就化为乌有了。因为敏感执着的个性，同样的事件，于她却要比常人有更深的痛苦。上帝是公平的，敏感的心性是双刃剑，她也正因为至情至性的敏感才写出那么多引起共鸣的作品。她是用自己滴血的心来写作，所以作品有灵性，有真情，不像"五四"时期的很多空喊口号的作家。

茅盾说："五四"时期的女作家，能够注目于革命和社会题材的，不能不推庐隐为第一人。

死者已矣，追求者盈门。但是庐隐却一个也不动心，只与他们宴游玩乐，生活极其颓废。苏雪林说："这时候的庐隐似微有点玩弄男性的倾向，大概是由于心理过于郁结使然。"

然而，爱情还是照亮了她那片灰暗的世界。李唯建，清华大学的学生，青年诗人，慕名而来。

书信频传，你来我往，两个人的交谈越来越直白。

李唯建自称"异云"，庐隐就署名"冷鸥"。孤独的"冷鸥"真的会在这片"异云"里飞翔？他开始放开胆子，表白道："我愿你把你心灵的一切都交给我，我虽是弱者，但担负你的一切我敢自夸是有余的！"诗人的情感是爆发式的，他说："你是我的宗教，我信任你，崇拜你，你是我的寄托。"

庐隐并不是没有见过世面的小女孩，面对这样热烈的词句，她冷静地审视着这个浪漫而随性的大男孩，婉转地拒绝了他，"我爱你太深，便疑你也深。"李唯建懂得她这种疑惧，便更加肆无忌惮地深入，用火热的词句来烤化她。庐隐终于情不自禁地投入他的怀抱，接受了他同情的抚慰。她的世界瞬间变了颜色，"宇宙从此绝不再暗淡了"。

她说："从前我是决意把自己变成一股静波，一直向死的渊里流去。而现在我觉得这是太愚笨的勾当。这一池死水，我要把它变活，兴风作浪。"庐隐是当红作家，嫁与有妇之夫郭梦良已在文化界轰动，现在又要与小她八岁的学生李唯建结婚，自然又引起轩波。

像第一次婚姻一样，又一次飞蛾扑火。她把他当成她的灵魂伴侣，精神财富，她说："在我的生命中，我是第一次看见这样锐利的人物，而我呢，满灵魂的阴翳，都被他的灵光，一扫而空……"他们的情书也结集出版，名为《云鸥情书集》，见证了两人当时热烈的感情。可是结局再次令人扼腕。

庐隐与李唯建结婚后，寄居日本，开始了他们的爱情生活和创作生涯。这个时期她写了《东京小品》，格调一反之前的沉闷，颇有一些亮色在里面。

由于在日本的生活不能维持，两人回国，住在美丽的西子湖畔，也是在这个时候，庐隐写作了她的长篇小说《象牙戒指》，为好友石评梅留下永久纪念。后来离开杭州去了上海，为了生存，庐隐又开始了她的教书生涯。只是还没有间断写作，一有工夫就写，"不敢为了机械的教书生涯忘记我一向所努力的创作生命……"

她的作品在《女声》《申江日报·海潮》《时事新报·青光》《时代画报》《前途杂志》《现代杂志》等刊物上陆续发表，有小说《女人的心》《情妇日记》，也有散文《花瓶时代》《男人和女人》，她坦率地说自己“自信是为兴趣有时也为名，但为钱的时候，也不能说没有，不过拿文章卖钱究竟是零卖灵魂，有点可怜，所以我宁愿在教书的余暇写文章了。”

庐隐一生清贫，辛苦度日，写作，教书，做家庭主妇。这也与她嫁人不淑有关，所谓灵魂伴侣就真只是灵魂伴侣了，李唯建在生活上，简直一无是处。此诗人非彼诗人，李唯建不是徐志摩，他没有担当，生性懒散，不去工作，在家里东游西逛，这个家只能靠庐隐来支撑，她又要赚钱养家，又得做家务，忙里忙外，如此李唯建还吆五喝六地指派她，发挥他的大男子主义，作威作福。这让庐隐很伤心，借酒浇愁。庐隐的朋友看不过，就出面请人给李唯建介绍了一份工作。

有人说是社会害了庐隐。那样一个黑暗的社会，一个混乱的朝不保夕的社会，确实贫困比比皆是。可是，在哪个社会又没有贫穷呢？当今社会，因为物质因为金钱吵架直至破裂的婚姻我不只看到一桩。而一饭一钵，和和美美过下来的，也不乏其“众”。

贫穷不是庐隐的根本问题。

根本问题大概如庐隐所说：“爱情如幻灯，远望时光华灿烂，使人沉醉，使人迷恋。一旦着迷，便觉味同嚼蜡。”与石评梅不同，庐隐没有生活在有情饮水饱的童话里。她活在张爱玲笔下不纯粹、不彻底的现实世界里，生存让她无法深入爱情，让她接触不到能够深入爱情的男人。无法深入灵魂，苦就独自任意在灵魂里蔓延滋长了。

尤其是她的死，更让人扼腕叹息。1934年5月，庐隐生孩子，为了省钱没有进医院，只雇了一名助产士来家伺候，因难产手术，手术后却流血不止，高烧不退，再送入医院，已经迟了。

徐志摩去世时，郁达夫曾叹息过中国文人的悲哀。

除却少数几个时期，中国是一个不重视文人的国度，所以生在中国的文人或多或少都为生活所累，难以真正发挥自己的潜力。一代文豪杜甫的茅屋为秋风所破，写出“忍把浮名，换了浅斟低唱”千古名句的柳永卒时家无余财，由群伎合资埋葬。物质基础支持上层建筑，基础不牢，上层建筑摇摇欲坠。

庐隐一生的收获大概只有她那几部胜于生命的作品了，李唯建将她所有的作品放入棺内，就让这毕生的心血陪伴着她吧。“我想游戏人间，反被人间游戏了我！”这是庐隐对自己的断语。也难怪后来，家里没有一本她的作品。女儿在学校里被人问起，你不是庐隐的女儿吗，怎么手上就没有你妈的书呢？

庐隐早期的作品有炫才的毛病，一挥而就，绝不再改，不如后期作品耐人寻味，佳境渐生。只可惜早逝的命运截断了她的才华。早逝的几位作家如石评梅、萧红、庐隐的作品都是凄苦、凄清、凄冷的色调，所以人们多以为庐隐也是凄凄艾艾之人，其实不然。

认识她的人都觉得她是慷慨爽利之人，有丈夫气概，好友苏雪林说她“一生英风飒爽”。庐隐也觉察了自己身上并存着的这种双重人格，她在自传中写道：“在写文章的时候，也不是故意无病呻吟，说也奇怪，只要我什么时候写文章，什么时候我的心便被阴翳渐渐遮满，深深沉到悲伤的境地去，只要文章一写完，我放下笔，我的灵魂便立刻转了色彩……”

这种双重人格也让她一生活在矛盾中。庐隐说：“事实上我是生于矛盾，死于矛盾，我的痛苦永不能免除。”

她奉行“生命是我自己的，我凭我的高兴去处置它，谁管得着”的准则。倔强的庐隐对这个世界是过不惯的，于是，她就拧着来，抱着“谁管得着”的态度，无论社会怎样对她，她都不理会。可是，说一句“谁管得着”，社会秩序就真的不管你了吗？记得有个故事：有一人离群索居，结果被老虎吃掉了；有另一个人，生活在人群中，大小事务都掺和，结果累死了。你若不在乎这个世界，你会被老虎吃掉的。这就是她举步维艰的原因。

她与这个世界不相容。

庐隐说：“我愿意我永远是一出悲剧的主人；我愿我是一首哀婉又绮丽的诗歌；总之，我不愿平凡！”她并不通融，与这个世界和解，她宁愿她的人生是悲剧，也不和解。

她要做自己。

在那样一个混乱的时代，做自己谈何容易，但她终究活出自己的颜色。庐隐说：“我就是喜欢玩火，我愿让火把我烧成灰烬。”残酷也罢，悲哀也罢，挣不脱也罢，“女性的天空是低的，羽翼是稀薄的，而身边的累赘又是笨重的。”这一萧红式的断语也落在了庐隐身上，她们有着共同的生为女子的辛酸。

萧红

人间对我都是无情

是的，萧红也承受了生为女子的辛酸。

黎明时分，周围还是一片晦暗，路上行人寥寥，萧红一个人拖着沉重的身子去找船。她在码头上摸索，忽然被缆绳绊了一跤，摔倒在沙滩上。她挣扎着想爬起来，笨重的身子却让她力不从心，她摸着自己的肚子，喃喃地说："孩子呀，孩子呀！你就跌出来吧！我实在拖不起了，我一个人怎么能把你拖大。"这是切身体会，她身上的累赘是笨重的。她也曾想像大鹏鸟一样展翅高飞，可是，她的羽翼是稀薄的，而女性的天空又是低的。

她就这样躺着，感受着大地的冰凉。遥远的天际还有几颗疏疏朗朗的星星，天地苍茫，而她自己是这样的渺小，即使死了，又有谁知道呢？又有谁在意呢？

幸好，一位赶船的陌生人路过，将她扶起来。她就慌忙跑向岸边，等下一班船来……

这是1938年，当时日军进攻武汉，一批文化人纷纷撤退入川。萧红托朋友买船票，只买到了一张，她让丈夫端木蕻良先走，先去找个落脚的地方，自己再等机会与人搭伴入川。当时船票很紧张，再弄到两张票两人一起走不知要等到何时。恰巧田汉的夫人也准备去重庆，说可以与萧红结伴同行，端木蕻良就先走了。但是，买到船票那一天，与萧红结伴的友人突然病倒，不能起程，萧红只好一个人去搭船。

她后来抱怨，仿佛宿命般的无奈："我总是一个人走路，以前在东北，到了上海后去东京，现在到重庆，都是我自己一个人走路。我好像命定一个人走路似的……"

她渴望爱，渴望与人相伴相依，可是，却怎么也遇不到那个长相厮守的人。似乎每一次爱情都别扭着赶不上趟儿。

她跟萧军在一起时怀着汪恩甲的孩子，跟端木蕻良在一起时，又怀着萧军的孩子。人生为何如此尴尬?

因为是女孩子，父亲不支持她上学，作为上学的条件，萧红与汪恩甲订婚。但是随着与学校里进步青年的交往，她的恋爱意识开始觉醒，才发现自己并不喜欢汪恩甲，此人身上纨绔习气太重，思想守旧，还抽鸦片，萧红提出退婚。

可是，她的婚姻不是个人的事，在大家族，牵一发而动全身，长辈自然不同意她的退婚。她就与表哥陆哲舜相约离家出走。

她从一开始就走上了一条不归路，凭一时意气开了头，结果就一泻千里，每一个决定都有意气用事的成分。

她没有想过娜拉出走之后怎么办。

萧红与陆哲舜租住在一个小院里，萧红住一头，陆哲舜住另一头。陆哲舜进了中国大学，萧红进了北师大附属女一中高中。这小院里经常聚集着东北青年，李洁吾是这里的常客。三个人一起看电影，谈论爱情、友情，倒过得逍遥自在。

只是有一次，萧红向李洁吾状告表哥非礼她，李洁吾把陆哲舜狠狠地骂了一顿，骂得他痛哭一场。三个人的关系忽然冷淡下来，然而过了一周，又渐渐一如当初。李洁吾这时候才有所悟，觉得自己多事，那两个人的关系暧昧，他这个外人掺和进来实在是好笑得紧，所以在信中引用了冯延巳的一句词“风乍起，吹皱一池春水，干卿何事？”

果然，表哥就是萧红的意中人。陆哲舜写信回家，提出离婚，可是家里坚决反对，而且还断了他的经济供给。两个人缩减开支也无济于事，天气越来越冷，他们越来越穷。萧红离家时只穿了单衣，现在连件御寒的棉衣都没有。李洁吾看着冻病的萧红，从同乡那里借了20元钱给她。

这样抻着，总有一方败下阵来。

寒假到了，陆家以经济要挟，一筹莫展的陆哲舜只会借酒浇愁，萧红也对他的不作为感到失望，结果两人的关系越来越冷淡，最后陆哲舜向家里妥协，决定回家，萧红只好跟他一起回去。他把她带出去，又带回来，前与后已经有了质的区别，萧红觉得这个懦弱的男人把她害得好苦，在两人的关系里，他还可以抽身，回到妻儿满堂的家去。而她，却无路可退。

两个人回到哈尔滨，陆哲舜回自己的家去，萧红在茫然中，只好向闻风而来的未婚夫妥协了。

生在这世上，要么奋勇向前，要么妥协到底。非要把自己弄夹生了，往后就不好办了。妥协，她心里是不愿意的，但是对表哥的幻灭感，加上身心疲惫，使她不得不对眼前这个男人产生了依赖，这就是车到山前的“路”，前面是上学梦的诱惑，后面是冷冰冰的囚笼般的家，她自然选择与汪恩甲在一起。

一个想要去北平上学，另一个想先回家完婚。争执不下，两人又闹翻。可是，他终究给了她温暖的旅馆房间住着，让她吃美味的饭食，还给她置办了很多高档衣服。萧红疲惫的身体在未婚夫的悉心照顾下逐渐恢复。

就像张爱玲《沉香屑》中的葛薇龙，萧红也在舒适中沉沦。她不再想上学的事，不再展望未来，她觉得自己没有未来了，索性跟汪恩甲一起吸鸦片，过起醉生梦死的生活。他们在“东兴顺”旅馆住了半年多，已经欠下食宿费400元，旅馆的老板开始催债，汪恩甲以去筹钱为由，离开萧红后再也没回来，而此时萧红已经怀孕了。

萧红的路越走越窄，先是求学，现在只求生存。

为了活着，她从一根救命稻草辗转到另一根救命稻草。

萧军就是这时出现的。

在她被旅馆老板看管起来的时候，在她饥肠辘辘无计可施的时候，在她拖着笨重的身体——拖着一个累赘的时候。

在昏暗的小房间里，她一次次设想着，在这兵荒马乱的时代，汪恩甲一定是在路上耽搁了；不好往外拿钱，被家里人绊住了；她等了又等，终于确定，这个男人把她丢下了。又是一个懦弱的男人，没有担当，一遇事自己就逃了，剩下的烂摊子，萧红得自己慢慢收拾。

饥饿让她来不及忧伤，旅馆的老板要把她卖到妓院去顶债，她急中生智，抱着试试的心理，给一家报社写了一封信求救。没想到《国际协报》的编辑裴馨园收到这封信后，非常同情这位素不相识的女读者，便委托该报的自由撰稿人萧军前去探望。

萧军出现在萧红面前，蓬头垢面、衣衫褴褛，但是他的豪爽和坦荡却让萧红倍感亲切。两人交谈起来，萧红得知面前这个流浪汉模样的人，就是她所佩服的作家三郎，更是喜出望外。而萧军对萧红的处境深表同情——未婚夫把已经怀孕的萧红抵押在旅馆，自己一去不还了——他义愤填膺，摩拳擦掌想要拯救萧红。

可是面对几百大洋的债务，萧军也束手无策，他临走时把仅有的五毛钱留给萧红。

赎金一时无法筹措，恰巧哈尔滨连续下了几天大雨，松花江决了堤，“东兴顺”旅馆在洪水中也是一片混乱，旅馆的人都四散逃命去了，萧红也乘乱逃了出来。而此时，萧军想到怀有身孕的萧红一个人在汹涌的洪水中无人照顾，便冒雨游到了旅馆，可是，萧红已经不在那里了。这一次“拯救”虽然无果，却也说明萧军对萧红是有情的。“在这兵荒马乱的时代，个人主义者是无处容身的，可是总有地方容得下一对平凡的夫妻。”在张爱玲笔下，香港沦陷成全了范柳原和白流苏这对夫妻，同样是兵荒马乱，同样是个人主义者无处容身的时候，萧红与萧军相恋了。

“他（范柳原）从被窝里伸出手来握住她的手。他们把彼此看得透明透亮。仅仅是一刹那的彻底的谅解，然而这一刹那够他们在一起和谐地活个十年八年。”但萧红与萧军这点感情却不足以使彼此在一起生活个十年八年，这又是一桩草率的托付，在即将溺水的慌乱中抓住的一根救命稻草。

多年后萧军曾选择性地回忆说，他们第一次见面，他被萧红吸引并不是因为她那诱人的肉体，而是因为几张碎纸片上萧红的短诗，“这时候，我似乎感到世界在变了，季节在变了，人在变了，当时我认为我的思想和感情也在变了……我马上暗暗决定并向自己宣了誓：我必须不惜一切牺牲和代价——拯救她！拯救这颗美丽的灵魂！这是我的义务……”

他以“拯救”为名，把她据为己有后，再肆意践踏伤害，像《巴黎圣母院》里那个虚伪的教士。明明是为了占有，却装扮得那样神圣。

对于萧红，爱情是神圣的。而萧军却是相当随性不负责任的人，他说：“谈什么哲学，爱便爱，不爱便丢开！”

他一次次地不爱，一次次地把萧红丢开。

两人刚住进欧罗巴旅馆时，萧军白天去找工作，萧红一个人待在屋里一边等待着萧军回来，一边忍受着饥饿的煎熬。“……黎明还没有到来，可是‘列巴圈’已经挂上别人家的门了！有的牛奶瓶也规规矩矩地等在别人的房间外。只要一醒来，就可以随便吃喝。但，这都只限于别人，是别人的事，与自己无关……过道越静越引诱我，我的那种想头越想越充胀我：去拿吧！正是时候，即使是偷，那就偷吧！”

生活是残酷的，饥饿是实实在在的。萧军总算找到一份家教工作，一位汪姓庶务科长请他教自己的儿子一些棍棒拳脚功夫。

生活刚刚有一点着落，萧军便饱而思淫欲了。

汪家小姐梳着一头美丽的卷发，涂着胭脂，散发着青春的气息，她与萧红曾是同学，本是同龄人，看上去却天壤之别，萧军的眼光不由自主地在她身上游荡起来。汪小姐经常找他和萧红聊天，三个人常常一起去松花江划船、游泳，高谈阔论，引吭高歌。萧红身体不好，常常耐不住困乏，先去睡了，就剩下两个人在院子里长聊。

有一天，萧军突然说：“有个姑娘爱上了我。”萧红问他是谁，他得意洋洋地说：“那还有谁？”果然是汪小姐，萧红早知道会有这样的事发生。但是这一次外遇没有继续下去，汪小姐很快就与二萧为她介绍的一个编辑打得火热。

然而，前脚刚走，后脚跟进。

二萧合著的《跋涉》出版，上海姑娘陈娟慕名而来，但她只慕萧军。她来到他们在商市街的这间半地下室，一边津津有味地阅读萧军新近发表的文章，一边等着萧军回来。萧红打量着这个不涂脂粉却别有风味的女孩子，见她总不走，只好留下她吃夜饭。

后来，陈娟与二萧交往多起来。她似乎总是避着萧红，只与萧军窃窃私语，这让萧红很不舒服，汪小姐曾开玩笑似的警告陈娟：你会招致妒忌的。

多年后，陈娟在《萧红死后——致某作家》写道："渐渐地我也从她那掩饰的眼光中间觉察了些什么来。是的，她憎嫌我，她对我感到不耐烦……"你总是纠缠着人家的男友，难怪人家憎嫌你。

何况，发展到后来，萧军都对陈娟产生了恋情，萧军给这个"懵懂"的少女寄去了无字信，还夹了一朵玫瑰，甚至追到她家里去，吻了她。她仍旧摆出一副无辜的模样，竭力撇清自己，还把男友带到商市街与二萧告别。敏感的萧红不会觉察不到，陈娟虽有愁烦，却也有着初恋般的兴奋。因着萧红，陈娟没有把这份感情的惆怅说出来，就回南方去了。

陈娟虽然回南方去了，萧军与她的故事却没有终结。

二萧从哈尔滨到青岛，与鲁迅的关系逐渐密切起来。

亦师亦友，二萧经常去鲁迅家里谈到半夜。鲁迅为萧军的《八月的乡村》和萧红的《生死场》作序推介，把他们的书列入“奴隶丛书”系列，自费出版，迅速引起文坛的重视。尤其是有灵性有才情的萧红，她的《生死场》一下子吸引了众多读者，“萧红”这个名字渐为人们熟知。

因为战事，他们又从青岛来到了上海。

刚到上海，萧军便去陈宅拜访陈娟。做了母亲的陈娟与二萧谈笑坦然，萧军却贼心不死，常一个人去找陈娟。吃饭，聊天，都让陈娟感到“害怕”了，可是她为什么不干脆地拒绝他那“强烈的情感”呢？

害得萧红只能搬家。

只是搬家也没有用，萧军怎么绕也要绕到陈娟身边，还向陈娟转述萧红盘问他的话，把萧红当成了一个笑话。

直到陈娟的丈夫催促陈娟北上，萧军为陈娟摆送行酒，之后又盯梢陈娟到电影院。再随后，萧军忽然从电线杆后闪出来，看见陈娟正和另一个男人在一起，他凄厉地笑了几声就走了。

这段感情算结束了，但是萧红的痛苦远没有结束，女人走了一个，又来一个。

萧红从日本回来，萧军正忙着处理好友黄侃的妻子许粤华流产的事，因为那孩子是他的。萧军顾不上萧红，只说让萧红放下个人感情，专注写长篇小说去。

萧红鄙视地说："我的长篇并没有计划，但此时我并不过于自责，'为了恋爱，而忘掉了人民，女人的性格啊！自私啊！'从前，我也这样想，可是现在我不了，因为我看见男子为了不值得爱的女子，不但忘了人民，而且忘了性命。"

二萧经常吵架。有一次，朋友看见萧红左眼青了一块，梅志和许广平关心地询问，萧红为了自尊，掩饰说是晚上不小心碰的。萧军冷笑："别不要脸了，是我打的！"萧军的无耻暴露无遗。

可是，她为什么还不离开他呢？

她需要爱，爱情就像她的氧气。女人的世界是狭窄的，失去萧军，她就失去了一切，"没有家，失去朋友，只有一个他，而今他又对我取着这般态度……已经不爱我了吧！尚与我日日争吵，我的心潮破碎了，他分明知道，他又在我浸着毒一般痛苦的心上，时时踢打。”或许，一个人一味地耽于痛苦，就没有空暇思考痛苦的根源，痛苦在消耗着她，让她没有力量抽身出来。

她只能自怨自艾。在这非人的日子里，她写下《苦杯》：

带着颜色的情诗，
一首一首是写给她的，
像三年前他写给我的一样。
也许人人都一样，
也许情诗再过三年，
他又写给另外一个姑娘。

他又去公园了，
我说：
“我也去吧！”
“你去做什么？”他自己走了。
他给他新的情人的诗说：
“有谁不爱鸟儿似的姑娘！”

“有谁不爱少女红唇上的蜜！”

我不是少女，

我没有红唇了，

我穿的是从厨房带来的油污的衣裳。

她也是清醒的，知道他的感情不会长久，既然恋上别人，那一个女子也将被他厌弃，就像厌弃她一样。他的厌弃让她失去所有的自信，眼巴巴地看着煮饭婆一样油污的自己。萧军的见异思迁，朝秦暮楚，打击着萧红的精神，让她无力从他的折磨中走出。

仿佛一时失了神，被他的虐待打蒙了，不知道该怎么办。朋友，没有一个可以深入交心的，所以，清醒的旁观者也没有一个站出来指给她方向。她沉沦，她害怕外面的世界，不敢走向外面的世界。只能一日一日萎着，当局者迷。

后来人们对她的责怪，说她懦弱，天真，不懂自尊自重都是不客观的，没有亲身体会过就不明白这种吸血鬼似的沼泽。她不是留恋痛苦，也不是留恋这个人，而是时机不到，真正尝受够了的时候，才会顿悟，只有到那个时候，才有离开的力量。

往日的爱人，

为我遮避暴风雨，

而今他变成暴风雨了！

坐在床上哭，

怕是他看到；

跑到厨房里去哭，

怕是邻居看到；

在街头哭，

那些陌生的人更会哗笑。

人间对我都是无情了。

她只有哭，只有哭，待哭够了，就该转身了。

等她转身，他才觉得心底仍依恋她。

终于，端木蕻良出现了。一个面容苍白且清秀的大男孩，沉静、内敛还有一些落拓不羁。他那身与众不同的打扮往左翼文人中一站，便有些鹤立鸡群。

那是1937年8月，胡风出面组织一群作家筹办一个刊物，这群作家中有萧军、曹白、艾青、端木蕻良等人。萧红一听端木蕻良也是东北人，很快便与他聊到一起。

过了两个月，胡风再次组织会议，端木蕻良一进门便把手上那副鹿皮手套摘下来给萧红看，“我的手套还不错吧？”萧红把手套戴在自己的手上：“哎呀，端木的手真细呀，他的手套我戴正合适哩。”会后，端木蕻良搬进朋友锡金的小金龙巷住，恰巧，二萧也住在这里。这样，就有了“三人行”的故事。端木蕻良与二萧住在里间，三个人曾经挤在一张床上睡。锡金借了张竹床住在外边。

仗着男多女少，萧红便娇贵起来。再与萧军争论，她就有了帮手。这段日子是充实且快乐的。四个人一起做“罗宋汤”，番茄、白菜、土豆、青椒、厚片牛肉大锅煮，又香又有营养。

有一次萧军故意挑衅，说长篇小说最伟大，中篇次之，短篇更次之，至于锡金那一行一行的诗，真是微不足道。他还伸出小指头，“你是这个！”而他自己是最伟大的，因为他的长篇小说正在《第三代》上连载，被评论家赞誉为“庄严的史诗”。锡金不理他，萧红却与他理论起来，而端木蕻良则绕着弯地称赞萧红的作品最好，这也让萧红对端木蕻良有了好感，觉得他更亲。

潜移默化地，萧红的心思有些乱了。那天屋里只有她一个人，很静，她不由自主地拿起笔在铺着的毛边纸上写下：

“君知妾有夫，赠妾双明珠。还君明珠双泪垂，恨不相逢未嫁时。”“恨不相逢未嫁时”这一句写了几遍，大有程英面对熟睡的杨过写了无数遍“既见君子，云胡不喜”时的惆怅。端木蕻良回来看到这些字迹，心有异样但也没有多想。倒是萧军觉察到了两人关系的微妙变化，他提笔挥毫，并高声念道：“瓜前不纳履，李下不整冠。叔嫂不亲授，君子防未然。”还觉得不够，又低吟着写下：“人未婚宦，情欲失半”。

萧红佯作不解其意地问：“你写的什么呀，字太差了，没一点文人气。”萧军最怕人家说他没有文人气，因为接下来就该说他像个“强盗”了。他怒目圆睁：“我并不觉得文人气有什么好！”这时胡风来了，要给他们开会，偏偏萧红就拣了有“文人气”的端木蕻良身旁坐下。她终于开始要给萧军点颜色看看了。

二萧又开始经常吵架，有一次，萧军一脚踹开端木蕻良的门：“萧红去哪儿了？”无辜的端木蕻良只好回答：“我真的不知道。”

1938年1月，李公朴邀请萧红、萧军、聂绀弩、端木蕻良等人去阎锡山创办的“民族革命大学”任教。民大在武汉招收了上万名学员，二萧、端木蕻良等人与学生同行，辗转到山西临汾。

在临汾，他们认识了丁玲。二萧仍旧是吵架，而睡在同屋的丁玲早已习惯了，也不关心他们的争吵，自己早早睡了。

后来，萧军为了赌气，说：萧红你和端木蕻良结婚，我和丁玲结婚。

萧红终于要在“强盗”萧军的手中逃脱了。

有一天傍晚，她约端木蕻良一起散步，说要和萧军分手。说着说着便哭起来，端木蕻良问她因何啼哭，萧红说她已经有了萧军的孩子。

“萧军知道吗？”端木蕻良问。

“当然知道！”

“那他还要你和我结婚？”

“是的，他就是这样的人。”回首过往的寸寸伤痕，她咬牙切齿地说，他就是这样的人，这样不负责任，这样爱便爱，不爱便撒手，这样的不管不顾，这样的……

端木蕻良把她抱在怀里：这个小女子受了多少苦啊。他有一种要给予她温暖的热望。

萧军后来也威胁他们两个人，但终究时间不长，就与旅途中遇到的一个女人坠入爱河。很多年以后，他提及与萧红的爱情生活，冷静甚至冷淡地说：“如果从‘妻子’意义来衡量，她离开我，我并没有什么‘遗憾’之情，……在个人生活意志上，她是个软弱者、失败者、悲剧者！”这就是他对萧红的理解，对萧红的评价。他似乎舒了口气，幸好扔掉了这个包袱。而萧红，却把《生死场》的版权留给了他。

端木蕻良尊重萧红，不顾父母兄长的反对，一定要给萧红一个名分，同她正式举行婚礼。他认为萧红之所以受那么多苦，被汪恩甲抛弃，被萧军欺辱，皆是因为没有正式举行婚礼。婚礼上被大伙簇拥着，萧红第一次有了幸福的感觉，她对大家说：“……掏肝剖肺地说，我和端木蕻良没有什么罗曼蒂克式的恋爱历史，是我在决定与三郎永远分开的时候才发现了他。我对他没有什么过高的希求，只是想过正常的老百姓式的夫妻生活。没有争吵、没有打闹、没有不忠、没有讥笑，有的只是互相谅解、爱护、体贴。”她还说：“我深深感到，像我眼前这种状况的人，还要什么名分？可端木蕻良却做了牺牲，就这一点我就感到十分满足了。”

在端木蕻良面前，萧红还是看低了自己。

这却给纯粹的爱情烙上一抹阴影，爱情如何能够“牺牲”呢？

萧红和端木蕻良去了香港，一个教书，一个写作，日子倒也过得逍遥自在。

端木蕻良不会理财，就把钱都交给萧红打理，虽然有保姆，萧红还是经常下厨做几道拿手菜，端木蕻良劝她把时间花在写作上，就时常和她一起去下馆子。

可是，1942年1月22日，仅三十一岁的萧红死在养和医院。很快，骆宾基便嚷出：“萧红是被他（端木蕻良）气死的。”

端木蕻良如何气死了萧红，美国学者葛浩文采访端木蕻良这段经历时，端木蕻良放声大哭，没有作出任何解释。外界对他颇有微词。端木蕻良在重庆曾有过一次丢下萧红先撤退的经历，所以坊间传言，香港再次突围时，他遗弃萧红，打算自己先走。尤其不可饶恕的是，萧红死在香港，仿佛就是死在他的手上。

他确实消失了几天，那几天他到底去做什么了？

直到2009年，萧红研究者章海宁访问端木蕻良夫人钟耀群，钟耀群同当年的端木蕻良一样哭起来，她说：“端木蕻良多年来一直不愿意说，因为端木蕻良回酒店时发现了骆宾基与萧红的私情，他的感情受到了伤害，他在愤怒中跑了出去。但后来端木蕻良想到萧红在病中，他不忍心丢下萧红，又回到了萧红身边。端木蕻良对萧红非常敬重，他不愿意再提及此事而伤害萧红。”

关于这件事，端木蕻良至死缄口不言，且在她死后也努力护卫她最后的尊严，在日军占领香港时，还竭力将她单独火化，将骨灰分别埋在圣士提反女校和浅水湾。

后来，在批判胡风反革命集团的政治运动中，领导多次让端木蕻良交代问题，他都沉默着，似乎不屑一言，可是当领导说到“很清楚，萧红就是胡风分子，你还能逃脱吗”时，他拍案而起，怒目吼道：“鞭尸是封建帝王的做法！我自己，无论是坐牢、枪毙，由你处置。但我决不许污蔑萧红！”并拂袖而去。这是人们眼中那个“弱”的端木蕻良吗？

唯有他，从未想过抛弃萧红。

可是，萧红却再次有了危机感，她对守在病床边的骆宾基说：“端木蕻良是准备和他们突围的。他从今天起就不来了，他已经和我说了告别的话……你的责任是送我到上海。你不是要去青岛么？送我到许广平先生那里，你就算是给了我很大的恩惠。我不会忘记。有一天，我还会健健康康地出来，我还有《呼兰河传》第二部可写。”

面对要去九龙抢救自己的小说稿《人与土地》的骆宾基，她一边说送她是对方的责任，一边许下恩惠。一切为生存故，她又抓住骆宾基这根救命稻草。她很可能像之前每一次陷入灾难时一样，再次向最临近的男人示爱，所以骆宾基不明就里得意洋洋地在《萧红小传》里写道：如果她活下来会嫁给我。

“他么？各人有各人的打算，谁知道这样的人在世界上是想追求什么？我们不能共患难。”也许端木蕻良正是恰巧听到了这些话而伤心地离开了七八天。

因为有骆宾基照顾萧红，端木蕻良就忙着去处理一些事务，除了取款、筹钱，联系医院，与人交涉等工作外，还回到住处整理萧红和自己的东西，诸如《呼兰河传》《马伯乐》《大时代》等手稿，以及萧红的一枚印章和许广平送的几颗红豆，这时期唯有骆宾基陪在萧红身边。端木蕻良起初是要突围的，但并非一个人突围啊。

因为病痛无援，因为端木蕻良给人一种软弱的印象，因为之前一次次被抛弃的经历，萧红对端木蕻良的怀疑也是情有可原的。她现在只能死死地抓住眼前的骆宾基，不禁诉起自己悲苦的一生来：“和萧军的分开是一个问题的结束，和端木蕻良又是另一个问题的开始……我早就该和端木蕻良分开了，可是那时候我还不想回到家里去，现在我要在我父亲面前投降了，惨败了，丢盔弃甲的了，因为我的身体倒下来了……”她和端木蕻良在一起仅仅是因为“还不想回到家里去”。

原来她从未爱过，先是为了上学，后来为了生存，她从未懂得爱情是什么，她以为爱情只是一种交换条件，一种度过一段时日的依靠，所以凭着本能一场场恋下去，遇到谁就恋谁，遇到萧军就恋萧军，遇到端木蕻良就恋端木蕻良，如今又遇到了骆宾基。

这个年轻人陪她直到她生命的最后一天，也算是仗义。

1942年1月22日，由于养和医院医生误诊，萧红开刀后并没有取出任何肿瘤之类的东西，这一刀却把萧红的生命彻底断送了。

黄昏时分，端木蕻良和骆宾基一起陪伴着奄奄一息的萧红，她喃喃地说：“……我本来还想写些东西，可是我知道我就要离开你们了，留着那半部红楼给别人写去了。”

凌叔华

婚姻从不能将我束缚

萧红临终前，还说过一句话：“我一生最大的痛苦和不幸，却是因为我是一个女人。”

女人并不是不幸的代名词，无论从生理上、心理上、经济上，都没有命定说女人就是附属品，而是狂妄自大的男人把女人当成自己的参照物，逐渐地，连女人自己也认同了这种补偿性的身份。萧红临死都没明白这一点，她的不幸不是源于她是个女人，而是源于她太把自己当成男人所界定的女人。她一生都在抗争，却终究没有走出中国传统女子处于附属地位的窠臼。

倒是同时代的张充和、蒋碧微、吕碧城、凌叔华等人，活得恣意潇洒，与男性站在同一地平线上，真正拥有了作为一个人的独立人格。

尤其是凌叔华，不但在事业上与男人并肩而立，在感情上更是如鱼得水，游走在几段爱情之中，尽情享受生命一呼一吸的瞬间。谨慎而聪明的头脑让凌叔华收放自如，站在安全距离之内，然而这份矜持，是否也让她错过了什么？

那个时候，在北京新月社，留学生和文人雅士每月都有一次聚会，胡适、徐志摩、丁西林、陆小曼、陈西滢、林徽因、凌叔华等是这里的常客。有一次，大诗人泰戈尔来到中国，由徐志摩主持接待，他们要办一个别具一格的茶会，最后决定地点选在凌叔华的书房。

“小姐的书房”是比林徽因的“太太客厅”还要早了十来年的文艺沙龙。

凌叔华的父亲凌福彭出身翰苑，与康有为是同榜进士，历任清朝户部主事、军机处章京、顺天府尹等要职，后来又任北洋政界约法会议议员、参政院参政。凌家大宅是一座有99间房子的豪华院落，在史家胡同24号，宽敞的庭院，两进的四合院，中间有带着月亮门的过道连接。

想当年，父亲也是饱读诗书、精于诗词、酷爱绘画，家中文人雅士出出进进，谈诗论画，有齐白石、姚茫父、王梦伯、陈半丁、陈寅恪等著名学者画家，还经常组织“北京画会”。凌叔华在这样的环境下爱上了绘画。

六岁时，她在花园的白墙上，用林炭涂鸦了很多山水与人物，恰被父亲的一个朋友看见，这个朋友就跟凌福彭说起这孩子有天赋。凌福彭虽然对这个姨太太生的女孩不是那么宠爱，但一听说她有天赋，也不禁想到她的曾外公是有名的国画大家，正愁没人接衣钵，就起了培养这小丫头的兴致。

如此，凌叔华便拜慈禧太后宠爱的画师缪素筠为师学画，还向当时被称为文化艺术界一代怪杰的辜鸿铭学古典诗词和英文。她的闺房也被父亲布置成画室，如她在《古韵》中的描绘："我的房间布置得像真正的画室，家具都是父亲挑选的……面对紫藤的窗前摆放着一条黑漆桌案，光滑透亮，可以反照出美丽的紫藤花……一张红漆桌案放在面朝紫丁香的窗前，这种红漆是北平最好的，红得发亮，看久了令人目眩，简直妙不可言。"

这画室也便是凌叔华的书房，豪华却不庸俗，典雅又有情致，据说还是泰戈尔选定在这里举行画会呢。

会上，有三大美女出现，都围绕着年轻浪漫的诗人徐志摩，只是林徽因已有婚约，与徐志摩要保持客气，陆小曼也是有夫之妇，虽然她并不把少妇身份当一回事，但志摩还是有所顾忌，只有凌叔华待字闺中，两个人可以更随意些。凌叔华贤淑文静，虽为这次画会的东道，却不指手画脚，不自以为是，总是恰到好处地出现在客人需要的时候，让人如沐春风。

她还大着胆子忽然问泰戈尔："今天是画会，敢问您会作画吗？"旁边的几个人都大吃一惊，泰戈尔却没在意，即兴在桌上的檀香木片上画下莲叶和佛像。之后两人便攀谈起来，谈诗歌，谈绘画，老诗人建议她："多逛山水，到自然里去找真、找善、找美，找人生的意义，找宇宙的秘密。"

后来，泰戈尔还曾向徐志摩称赞，凌叔华比林徽因"有过之而无不及"。老诗人是否有意让徐志摩把注意力由林徽因身上转移到凌叔华身上呢？因为这期间徐志摩曾托泰戈尔，代自己向林徽因传情达意，遭到拒绝。

苏雪林有一段描述凌叔华的文字，很能说明她的神韵："凌叔华的眼睛很清澈，但她同人说话时，眼光常带着一点'迷离'，一点儿'恍惚'，总在深思着什么问题，心不在焉似的，我顶爱她这个神气，常戏说她是一个生活于梦幻的诗人。"

"生活于梦幻的诗人"自然与诗人更投契，徐志摩也从此与凌叔华成了密友。他正因失去林徽因而痛苦着，便经常与凌叔华通信，有一次在信中写道："不想你竟是这样纯粹的慈善心肠，你肯答应做我的‘通信员’，用你恬静的谐趣或幽默来温润我居处的枯索。”

而凌叔华的文字也总能让徐志摩兴奋不已：“回京后第一次‘修道’，正写这里，你的信来了。前半封叫我点头暗说善哉善哉，下半封叫我开口尽笑自语着捉掐捉掐，你真是个妙人，真傻，妙得傻，傻得妙……”

徐志摩的热情来得太快了，而矜持的凌叔华，还在不紧不慢地支着她闺秀的架势，享受诗人的诗情画意。男人的殷勤总是女人最大的享受，她们喜欢用模糊和推拒来延长享受的过程。

似乎一切尽在不言中，又可以当作什么也没说。

凌叔华的信一次次激发年轻诗人的灵感，内容虽然没有流传下来，但从徐志摩的回信中，足见凌叔华为写信而下了一番功夫。他说：“说也怪，我的话匣子，对你是开定了……我给旁人信也写得顶长的，但总不自然，笔下不顺，心里也不自由。对你不同，因为你懂得，因为你目力能穿过字面。这一来，我的舌头就享受了真的解放。我有着那一点点小机灵，就从心坎里一直灌进血脉，从肺管输到指头，从指尖到笔尖，滴在白纸上就是黑字，顶自然，也顶自由，这真是幸福。”

他为凌叔华的第一部小说《花之寺》作序，也是他一生中唯一一次为人作序；他的处女诗集《徐志摩的诗》出版扉页上的题词“献给爸爸”四个字，就出自凌叔华的手笔。二人的交往越来越密切，半年内通信七八十封，且经常聚会谈天，他们的相知相惜，早已超过普通友谊。

徐志摩称凌叔华为“中国的曼殊菲尔”。曼殊菲尔是徐志摩一直崇敬的外国女作家，她的外貌让徐志摩惊为天人，才华更让徐志摩说是“替自然界多增几分的美，给苦闷的人间几分艺术化精神的安慰”，如此的桂冠，没有颁给林徽因，却给了凌叔华，可见徐志摩对凌叔华的欣赏。他更把她引为知己，徐志摩曾在旅欧途中写的信里说：“女友里，叔华是我一个同志。”

红颜知己做久了，就难以成为恋人了，因为总是云淡风轻，而不是你侬我侬。太相知或自以为太相知，有些话就停在嘴边永不出口了，“人淡如菊”的凌叔华对徐志摩嘘寒问暖，却没有像艳丽热情的陆小曼那样融化诗人的心，所以当徐志摩与陆小曼的绯闻在北京城传得沸沸扬扬时，凌叔华有点难以相信。

但是，她仍旧是“人淡如菊”的“闺秀”姿态，不愠不火，把另一个爱慕者端出水面。

当徐志摩双管齐下，一边给凌叔华写信，一边向陆小曼献殷勤时，凌叔华也一边对徐志摩精神安慰，一边与陈西滢暗通款曲。凌叔华后来也曾公开澄清："说真话，我对徐志摩向来没有动过感情，我的原因很简单，我已计划同陈西滢结婚，陆小曼又是我的知己朋友。"

很多年以后，旅居英伦的凌叔华给寄来《徐志摩年谱》的陈从周回信说："徐志摩同我的感情，真是如同手足之亲……徐志摩与我一直情同手足，他的事，向来不瞒人，尤其对我，他的私事也如兄妹一般坦白相告。我是生长在大家庭的人，对于这种情感，也司空见惯了。"用一个"手足之亲"来定义他们之间的关系，非常得体。你有了陆小曼的时候，我已与陈西滢鸿雁传书两年多了。

所以，当双方托媒人进入凌家的时候，凌父吃了一惊。凌叔华与陈西滢的爱情进行得如此秘密，闪了好多人的眼睛。这时候，人们才后知后觉，仔细一回味，还真是那么一回事。

陈西滢主编的《现代杂志》刊发的第一篇女性作家创作的小说，即是凌叔华的《酒后》，小说一经刊发便引起不小的反响。同年五月，陈西滢又在自己的专栏“闲话”中，刊出短文《庆贺小戏院成功》，这篇短文与他之前以议论为主的“闲话”不同，仅报道了一次演出，这次演出的剧本由凌叔华创作。

那一年，凌叔华26岁，父亲把有28间房子的后花园给女儿做了陪嫁。难怪鲁迅讽刺陈西滢，嫁了有钱人家的女儿。

陈西滢本名陈源，留英博士、学者、评论家。与鲁迅论战失败，成了“反派”角色，但是他并非所谓“汉奸文化”的帮凶，他只是太理智了，多年的留学生活让他习惯了英国的理智和有序，对中国当时的狂热有些看不惯，且又不屑于那些小聪明小机智，所以显得有些“板”。

正是他的“板”，让他立论公正，无论是对友人徐志摩还是对论敌鲁迅，他都能不偏不倚地评论对方的作品，虽然已经与鲁迅交恶，但他写新文化运动的著作时，只选了两个短篇，郁达夫的《沉沦》和鲁迅的《阿Q正传》，他说：“（先前的一些作品）还是一种外表的观察，皮毛的描写，到了《阿Q正传》，就大不相同了。阿Q是一个type，而且是一个活生生的人。他与李逵、鲁智深、刘姥姥是同样生动、同样有趣的人物，将来大约会同样不朽的……我不能因为我不尊敬鲁迅先生的人格，就不说他的小说好，我也不能因为佩服他的小说，就称赞他的其余的文章。”在这里倒也现出这样一个板正的人好玩的一面来。

陈西滢与凌叔华两人都是比较沉静、独立的类型，所以连书房都是分开的，谁也不干涉谁的工作，凌叔华的作品都是在发表了之后，才被丈夫读到的，陈西滢也是，公开发表前，他的文章也没有给叔华看过。

凌叔华的作品与当时女作家庐隐、冰心、丁玲、白薇等人不同，她不写女性追求个性解放，而善于细腻的心理刻画。成名作《酒后》，就写三个人喝完酒之后，友人在他们家睡着了，少妇想去吻熟睡的友人，丈夫说：“夫妻的爱和朋友的爱是不同的呀！”但是终究允许她去吻，她走到友人面前却又退缩了。

这在当时是很大胆的想法，向自己的丈夫明目张胆地要求，去吻另一个男子，或许女人多有这种想法，但只是在心里一闪而过，从未说出来，凌叔华却把这种微妙的心理细致地展现出来，确实是个异数。难怪徐志摩把她比作曼殊斐尔。“曼殊斐尔随你怎样奥妙的、细微的、曲折的，有时刻薄的心理，她都有恰好的法子来表现；她手里擒住的不是一个个的字，是人的心灵变化真实，一点也错不了。”

凌叔华的第一部小说集《花之寺》由陈西滢编定，在新月书店出版，《酒后》之前她也发表过几篇小说，但都不太精练，所以没有收入，可见这本集子也是丈夫精心筛选过的。徐志摩在《新月》月刊创刊号上说：“《花之寺》是一部成品有格的小说，不是虚伪情感的泛滥，也不是草率尝试的作品，它有权利要我们悉心地体会……作者是有幽默的，最恬静最耐寻味的幽默，一种七弦琴的余韵，一种素兰在黄昏人静时微透的清芬。”

鲁迅也在《（中国新文学大系）小说二集序》中说：“……凌叔华的小说，却发祥于这一种期刊《现代评论》的，她恰和冯沅君的大胆、敢言不同，大抵很谨慎地，适可而止地描写了旧家庭中婉顺的女性。即使间有出轨之作，那是为了偶受着文酒之风的吹拂，终于也回复了她的故道了。这是好的，使我们看见和冯沅君、黎锦明、川岛、汪静之所描写的绝不相同的人物，也就是世态的一角，高门巨族的精魂。”

凌叔华后来流亡英伦，出版了以少儿生活为素材的自传体小说《古韵》，曾受到英国女作家伍尔夫的指导，这本小说在英国成为畅销书，沈从文曾说她的小说是“在自己所生活的一个平静的世界里，看到的悲剧，是人生琐碎的纠葛，是平凡现象中的动静，这悲剧不喊叫，不呻吟，却只是沉默。”

1928年，陈西滢到武汉当教授，兼文学院院长，凌叔华随同前往。

她在武汉结识了苏雪林、袁昌英两位才女，三人成了“珞珈三杰”，常常一起谈诗论画。

日子过得悠然、淡然。

教授的爱总是不愠不火，少了点激情。

疲惫的婚姻恹恹欲睡，朱利安乘虚而入了。

朱利安是英国大作家弗吉尼亚·伍尔芙的外甥，他母亲是一名画家，他毕业于剑桥大学，小有诗名，20岁时出版诗集《冬之动》获得好评。他从小生活在著名的布鲁姆斯伯里文艺小集团，受艺术熏陶的同时也受到小集团性意识开放的影响，成为情场高手。

20世纪30年代正值世界政治混乱时期，血气方刚的朱利安以天下为己任，在伍尔夫及丈夫伦纳德“那里（中国）将发生影响世界的大事”的鼓动下，来到了中国，受聘于武汉大学。结识了陈西滢夫妇。

有“洛伽山美人”之称的凌叔华引起了朱利安的兴趣。

凌叔华三十五岁，已是有孩子的少妇，朱利安二十七岁，正当激情四射的年龄。朱利安有给母亲写信的习惯，且什么都说：“我才意识到自己已经难以自拔……她是其中最有才华、最美好、最敏锐和最聪明的人之一。我不知道会发生些什么。我想，等我平静下来，我会让她爱上我……”

而凌叔华是那种外表娴静内里颇有一些心思的女子，像当下流行词汇“闷骚”所形容的那样——“隐忍而不失优雅的性感，有一种含蓄的放肆的内在品质蛰伏在人的体内，隐含、积蓄、含而不露、欲说还休，时机一旦成熟，就立刻苏醒，继而惊世骇俗等等。”

干柴烈火，两人一拍即合。他们很快坠入爱情的罗网。凌叔华这一次的爱情，与和徐志摩的桃花流水不同，与和陈西滢的相敬如宾也不同，是彻底的燃烧，真正的融合。像拍电影一样戏剧化，难怪海外作家虹影以他们为原型写了小说《K—英国情人》——

闵，一个那么正经的女知识分子，一个原来那么羞涩的中国古典女诗人，怎么会是这样一个永远不会满足的女人？

“太疲倦了，”他想，“我恐怕会死在这个女人的欲望之中。”这想法忽然，使他非常惊喜。不管应该不应该，这样的死法太幸福了，世界上有几个男人有这样的福气。

我会幸福地死去，而不是死在战场上，也不会死在刑审室里，吞氰化钾。

裘利安嘲讽地问自己：性，还是革命？

在闵美妙的裸体面前，他毫不犹豫地给性优先选择权。

她重新在另一个诗人身上寻到了爱情的魔力——大概只有诗性气质的人身上才有这种激情，才能让双方达到欲仙欲死的境界。不知是不是朱利安杜撰，他说凌叔华告诉他，她曾经爱过徐志摩，只是当时已惘然。不肯对外人承认，也不肯对自己承认。亦或许这只是朱利安对自己当时被指责为“通奸”的开脱。

两人不满在武汉暗中幽会，又密谋去北京幽会，分头上路。

凌叔华在火车上给朱利安写信：“我昨晚读了劳伦斯的短篇小说……一个人在孤孤单单的旅行途中，心不在焉的时候一定喜欢读这样的东西……”

劳伦斯的小说，莫非是《查泰莱夫人的情人》？冲破所有传统的、道德的、规范的禁锢，赤裸裸的自然之爱，就像那片山林中的植物。

凌叔华陪伴朱利安逛遍古城的名胜，看戏、溜冰、洗温泉，在这里不用偷偷摸摸了，他们尽情享受这段自由的日子，凌叔华潜在的狂野的一面显露了出来。朱利安说：“这段疯狂的时间让我脑子一片空白。你能猜到我们是怎样的快乐和愚蠢。K（凌叔华）找不到回去的路了，而我竟丢掉了随身携带的东西。”

回到武汉，炽热的感情让他们忍不住继续缠绵。

陈西滢也觉察到他们走得太近了，警告凌叔华，她答应他远离朱利安，但是转眼两人又黏在一起了。据说有一次，他们正在幽会，陈西滢在外面砸碎了朱利安的玻璃。

武汉大学校园里似乎传出了绯闻，而布鲁姆斯伯里小集团出身的朱利安“天生不相信一夫一妻制”，并没有打算和凌叔华结婚，凌叔华只得以死相逼，随身携带着一瓶老鼠药，还备着一把用来割腕的蒙古刀子，并向朱利安扬言要吊死在他的房里，朱利安被吓住了，陷在感情中的东方女子真是可怕，他支支吾吾地答应跟她结婚。

“东窗事发”后，陈西滢要凌叔华作出抉择：一是离婚；二是不离婚但分居；三是断绝婚外情而破镜重圆。凌叔华选择了第三条。她能够飞蛾扑火，却做不到义无反顾。她退回到安全范围内，她的情人朱利安成了“丢尽面子的洋教授”，从武汉大学辞职，回到英国。

先前是凌叔华以死相逼，要嫁给朱利安，到了关键时刻，要作出最后选择的时候，她还是选择退回到自己的婚姻中去，而这个时候，朱利安却一反先前的犹豫支吾，执意要娶她。

男女间的角逐，莫不如此。

她只是想看看这个热烈的情人到底有多爱她，爱她是否爱到要娶她，当她看到他的退缩他的犹豫时，她就放弃了他；然而在他那一方面，出乎意料，原来她还可以放弃他，原来她还可以放得下他，他的心理不平衡了，忽然生出一股力气来，执拗地想要回她。他想不通一个要为他殉情的女子为何能够下决心离开他，舍弃他而选择另一个男人。

朱利安不再是从前那个热情的大孩子，他现在经常一个人想心事，母亲深知他这段罗曼史，不免暗暗担心。果然，他义无反顾地投入了西班牙战争。果然，如他所预想的，他这不安分的生命不是死于战场就是死于爱情，德国法西斯的飞机击中了他。

武汉大学也为朱利安举行了追悼活动，陈西滢坐在前排，这个男人的风度再次显示出来，他是君子。遥想当初陈西滢曾指斥朱利安“你不是一个君子”，因为朱利安刚承诺不再见凌叔华，转身便食言。

1946年，国民党政府委派陈西滢到巴黎出任常驻联合国教科文组织代表。之后，陈西滢、凌叔华定居欧洲。相安无事，陪伴到老，至于两人感情如何，只能从言语中窥到一二，记得凌叔华曾对陆小曼说：“男女的爱，一旦成熟为夫妇，就会慢慢变成怨偶的，夫妻间没有真爱可言，倒是朋友的爱较能长久。”能发出这样的感慨，可见在很早的时候，他们的感情就已经不好了。

两种不同的人，相敬如宾最后终成相敬如冰吧。

陈西滢板正又固执，他爱她的才华，看中她的才华，却并不懂她这个人，他不知道她需要什么，也没有刻意去思考她需要什么；而凌叔华从来就不是一个安于相夫教子的女人。她抱怨主妇生活，抱怨没完没了的琐事搅扰她的写作：一会儿佣人叫“太太”，一会儿女儿叫“妈妈”，分她的神，让她既厌倦又烦躁，她在给巴金的信中写道：“一个有丈夫的女人真是公仆。”

她既不体贴丈夫，也不照顾孩子。

她说：一个女人绝对不要结婚。结了婚，绝对不能给丈夫洗袜子、内裤。绝对不能向一个男人认错，绝对不能。

在欧洲，凌叔华一直为自己的事业奔走。她通过朱利安的母亲和布鲁姆斯伯里成员的帮助，在英国、法国都办过个人画展，取得了一些成功；她还经常与伍尔夫通信，在这位大作家的指导下写成了她重要的小说《古韵》，这本小说畅销英国，并译成法文、德文、意大利文等多国文字。

陈小滢曾问过老父为什么没有和母亲离婚，陈西滢的回答是："她是才女，她有她的才华。"似乎才华为"出轨"寻找到了原谅的理由，诗人犯点小小的错误是应该原谅的，何况是为了爱情，"爱情最大"，读过劳伦斯的人都知道。陈西滢眩惑于凌叔华的才华，即使没有读过劳伦斯，也可以"原谅"她吧。（凌叔华说"绝对不能向一个男人认错"，她没有认过错，她不觉得自己做错了，又何谈原谅呢。从她这一方面来说，自己是没有错的；但从陈西滢那一方面说，这屈辱真的可以忽略吗？）

晚年的凌叔华内心是寂寞的，她给冰心写信说：

写到这里，我真想立刻飞回北京，同你瞎撩（聊）一些往事，以解心头悲戚。好在现在已经十月了，还有十几日便可相见。希望我住到复兴路大楼七层后，可以多多相见。我在此一肚子苦恼，谁也不要听，只好憋着气，过着惨澹（淡）的时日！

爱情需要激情，绝对的冷静是因为两颗心从没有真正碰触过。虽然不做攀援的凌霄花，但总应该“根，紧握在地下；叶，相触在云里。”凌叔华与丈夫陈西滢之间总像隔着什么，水是水，油是油，在多年后蓦然回首的刹那，她是否像已经嫁给耶律齐的郭芙一样，“不知不觉幽幽地叹了口长气。虽然她这一生什么都不缺少了，但内心深处，实有股说不出的遗憾。”

林徽因

我用一生去回答你

与凌叔华相比，林徽因更知道自己想要什么。

她所选的恰是她想要的那个人，恰是最适合她的那个人。

钱锺书有一篇小说《猫》，据说就是影射林徽因的。小说里女主人公游走于众多男子之间，大有翻手为云覆手为雨的气势，可是到了结尾，她听说，有人看见她丈夫在火车上，跟一个女孩走了，她的眼泪扑簌簌地掉下来……那才是她的主心骨，繁花过眼，留在心底的只是那一个人。追求者众，梁思成才是唯一让林徽因把心放踏实的人。

外人看不出来，只因她如梦、如诗、如花影，被欣赏，被编排，被过度解读了。林徽因已经成为一个传奇，甚或一个传说。

在她去世后半个多世纪的今天，一方面，她忽然成了女性励志的标杆，而另一方面，女人们都对她怀着敌意。这种隔着时空的，暧昧不清的态度，着实值得玩味。我时常想，假如她活在当下，恐怕很长一段时间都将占据报刊娱乐版的头条吧。

人们关注名人，尤其热衷于关注他们的情史。谈论林徽因的文章和书籍汗牛充栋，然而，真正从女性视角去思考她的却并不多。人们谈论她，多是因为男人，因为她与三个非凡的男人——梁思成、徐志摩、金岳霖之间的情感纠葛。就大部分作品而言，其着眼点还在这一段情事上，而忽略了一个女性追求人格独立的历程。

林徽因是一个感情丰富、极具艺术气质的女性，同时也是一个具有理性头脑、勇于思考的人，这一点恰恰被大多数论者所忽略。相较于她的情史，我对她的成长史更加感兴趣，当然，无论是男人也好，女人也好，情史都是成长史中的一部分。因为，只有在爱情当中，人才能获得真正的成长。

法国存在主义作家波伏娃有一个著名的论断：女人，不是生而为女人的，是被变成女人的。实际上，“女人”一词除了性别所指外，更是一种标签。在女权主义兴起之前，数千年的历史上，女性都处于附属地位，甚至只是一个工具。而林徽因所处的时代，正是一个打破男权垄断，女性初步争取自由的时代。对于林徽因来说，争取女性的独立不仅意味着打破“从属身份”，更是一种自觉与自醒，这与她的身世和经历有密切关系。

林徽因的父亲林长民，生于福建一个具有优良文化传统的大家族。这个家族的男人大多有着诗人的气质和志士情怀，曾写下《与妻书》的林觉民（过继给林孝颖）和参加黄花岗起义的林伊民，便是林长民的胞弟，也就是林徽因的叔叔。林徽因的父辈们曾东渡日本留学，林长民拿到了日本早稻田大学的政治学学位。

与那个时代的所有知识分子一样，林长民的身上有新和旧两种东西，一方面他受到西方宪政学说的影响，思想十分西化，而另一方面他又受到儒家“不孝有三，无后为大”的濡染，执意要给林家添个男丁，继承香火，所以当他的妻子不能生育时，他娶了姨太太何雪媛，何氏便是林徽因的母亲。

何氏生下徽因之后，也曾生下一个男婴，可惜后来夭折了，再无所出。故而，林长民又娶了一房姨太太程桂林。程氏一口气为林长民生了一个女儿四个儿子，享受“专宠”的地位，这样一来何雪媛便几乎不被问津了。

林长民和程氏的孩子们住在前院，何雪媛和林徽因住在后院，经常是前院欢声笑语，后院寂若无人。丈夫的冷漠，婴儿的夭折，对何氏打击极大。在自怨自艾中，她逐渐消沉，脾气也乖戾刁钻起来，即便是林长民来后院，也遭到她的抢白和中伤，这样一来，林长民就几乎不来了。何氏是一个没有受过什么教育的女人，一方面她缺乏人格独立，另一方面又缺乏经济独立，所以一切便无法自主。林徽因与母亲生活在一起，对这一切有着深刻的认知。这种“伤痛”直到很多年后，她已经嫁做人妇时还折磨着她。当她的异母弟，也就是程桂林所生的儿子林恒从福建来北京，投考清华大学暂住在梁家时，跟随着林徽因生活的何雪媛突然发作起来。林徽因在一封信中写道：

我精疲力竭，到临上床时还想着，真恨不得去死，或者压根儿没有生在这样的家庭……我知道我真的很幸运，但年幼时的那些伤害，对我是永久性的，一旦勾起往事，就会让我跌进过去的不幸之中。

当然，林徽因之所以是林徽因，就因为她并未被母亲的那些怨语所绑架。对待林恒，她就像对待自己同胞弟弟一般。当林恒成为一名空军飞行员，与日军作战殉国时，她伤心得几乎无法自处。这是一个血液里流淌着英雄情怀的家族，上下两代多人为国殉难。某种意义上，这种情怀也在林徽因的骨子里。

她一生都未停止对自身命运的追寻，既有林家人的那种魄力，也有从母亲的地位而延及的对自身命运的思考。林徽因的创作、与友人的通信中，曾多次对女性地位提出疑问，但她并不企图充当女性解放的启蒙者，她只是要改变自己。她自己的积极进取，乃至对事业的选择都有着对传统女性身份的回击。她通过自身的选择，试图证明，女性绝非天生从属于男性的性别。当然，以她的性格，她不屑于去充当宣讲者，她本质上是一个诗人。

尽管林长民对何氏冷落，但对女儿宠爱有加，就连“二娘”（林徽因对程桂林的称呼）也承认，林徽因是这个家里最受宠爱的孩子。大概是太喜欢这个女儿了，林长民赴欧洲时也带着她，使这个十六岁的少女有了环游世界的体验。1920年夏天，林长民担任“中国国际联盟同志会”的理事并常驻伦敦，林徽因则进入圣玛丽女子学院念书，从而学会了一口流利的英语。

当时，正是一战结束不久，世界各国的精英人物聚在伦敦，林长民在伦敦的寓所几乎成了中国知识分子讨论国家事务的“常设机构”。林徽因一方面充当父亲的助理，另一方面也见识了高级知识分子的社交活动，作为一种社交教育，这是一种启蒙。可以说，多年以后“北总布胡同3号”的“太太客厅”，其渊薮就在这里。

在父亲的诸多“访客”中，徐志摩是最特殊的一位。他比林徽因年长近十岁，是林氏的“父辈”（林徽因称他“徐叔叔”），但他却爱上了这位少女。当面对林徽因时，他总有说不完的话，滔滔不绝地谈论着英国文学，妙语不断，飞珠溅玉。以至于多年后林徽因回忆起那时的生活，还总是想起徐志摩谈论雪莱、济慈、曼殊菲尔与伍尔芙的样子。

徐志摩不知道，早在1919年，林徽因便与梁思成相识，这样的相识决定了他们的一生。当代学者在论及林徐二人的情感纠葛时，往往存在过度解读，甚至有“越俎代庖”之嫌，实际上十六岁的林徽因还远不能真正认识徐志摩对她抱持的感情：一方面徐志摩已婚，妻子张幼仪也来到了英国，并且有身孕；另一方面林家和梁家已有约在先。无论如何，她所面对的问题过于复杂，她对他不可能有什么感情上的要求。这样一来，徐志摩对林徽因的感情就有了几分单恋的味道。

大约在1921年的时候，徐志摩向林徽因透露离婚的打算，并向她求婚。林徽因尽管敬仰他，然而生活体验使她顾虑重重，多年以后她曾和一生的挚友费慰梅谈及此事。林徽因说："在（徐志摩）这起离婚事件中，一个失去爱情的妻子被抛至一旁，而她却要去顶替这个位置。无法想象自己将走进这样一种人生关系，她自然联想到母亲的羞辱。"好在不久以后父亲决定回国，他们乘坐轮船穿越苏伊士运河和印度洋回到了中国，这一段恋曲暂时落幕。

林徽因回国后，梁林两家再次提及了他们的婚事，并在1923年订立了婚约。作为梁家的主事人，梁思成的父亲梁启超认为，在他们有正式婚姻之前，最好能够完成学业，最好是一起出国留学。当然，梁启超尽管是一个受中国传统文化影响深刻的人，但同时又是一个受过西方思想影响的人，梁林二人的婚事虽然由父辈做主，但他希望他们首先能够培养起感情。

然而，当年5月7日发生的一起事故，推迟了留学的时间。那天梁思成和弟弟梁思永骑着大姐送的摩托车，从郊外的清华园赶到城里参加"国耻日"周年示威抗议活动，结果在转入长安街，追赶游行队伍时被一辆轿车撞倒，轿车扬长而去，梁思成不省人事。这场事故导致梁思成右腿折断，脊椎受损，在医院里住了8个星期。住院期间，林徽因每天都来看他、安慰他、陪他聊天，还经常讲一些小笑话。

梁林关系确立后，徐志摩作为梁启超最出名的弟子，再次进入了他们的生活。尤其是1924年泰戈尔访华，由徐志摩、林徽因二人全程陪同，报刊如是形容："林小姐人艳如花，和老诗人挟臂而行，加上长袍白面、郊荒岛瘦的徐志摩，犹如苍松竹梅的一幅三友图"。"三友"者，神清骨冷的"梅"自然是林徽因，长身玉立的"竹"则是徐志摩，那长髯白袍的苍松，就是诺贝尔文学奖得主泰戈尔了。

泰戈尔访华的高潮，是由新月社为其庆祝63岁生日，总共有400余位社会名流出席了生日宴会。宴会结束后，上演了泰戈尔的英文短剧《齐特拉》，由林徽因扮演公主齐特拉，徐志摩扮演爱神玛达那，林徽因的父亲林长民则扮演春天之神代森塔。宴会和演出被北京的报刊大肆宣传，一时轰动全城。

不过，泰戈尔的中国之行并不顺利，尤其是他的第二次演讲，居然遭到部分听众的抵制。一些听众指责他是"一个为精神至上主义辩护而对中国目前的困境无动于衷的反动派”，这令老诗人特别愤怒，而且伤心。

之后一周，泰戈尔取消了在华的一切公开活动，大多数时间由林徽因和徐志摩陪伴。徐志摩向泰戈尔坦陈自己依旧爱恋林徽因，泰戈尔便代为向林徽因转达徐的这种情感，但失败了。诗人的感情就像流水一样，只要有了出口，便会改变，不久徐志摩就陷入了和陆小曼的感情纠葛。

1924年，梁思成携林徽因赴美国，入宾夕法尼亚大学念书，梁思成进入了建筑系，林徽因则因建筑系不招收女生，而进了美术系。不过，她不肯气馁，以旁听的方式学习建筑系的课程。

由该大学的档案可知，1926年春季班开学时，林徽因已开始担任建筑设计教授的助理，第二个学期更是当上了建筑系的辅导员，这样一来，她实际上是和梁思成一起上课的。他们当年的同学曾回忆：大部分中国学生都比较刻板，但菲丽丝（林徽因的英文名）却十分活跃。她性格开朗，言辞幽默，是一个社交高手，受到男女同学的一致喜欢。

相较林徽因的活跃，梁思成却沉静得多，因着这种性格差异，他们之间经常发生争辩，乃至爆发激烈的争吵和冲突。不过，沉静有沉静的好处，就像清流之于巨石，石至坚而水至柔，流水不论如何激扬，磐石不动、不移、不变。

林徽因是典型的艺术家，她经常满脑子创意，刚画完草图又有了新创意，便草草丢开前面的图纸，而梁思成总能用他精确、熟稔的绘图技术把这一切落实到纸上，变成一张成熟的设计图。他们的老师、著名的建筑大师哈贝森曾夸赞他俩的制图作业完美得“无懈可击”。

梁林二人完成宾夕法尼亚大学的学业后，梁思成申请到哈佛大学的“人文艺术研究所”继续学习并获得批准，而对戏剧充满深情的林徽因则进入耶鲁大学戏剧学院读书。

有些人身上好像带着光环，有一种独特的魅力，不论走到哪里都深受欢迎，林徽因大概就属于这一种。和在宾校一样，她在耶鲁照样有一大群朋友，就连性格极其怪癖，令人难以亲近的史都华·钱尼也对她崇敬有加——这个未满二十岁的青年总是像一个渴望姐姐保护的小孩那样亲近林徽因，林徽因亲昵地称这个小学弟为“我的钱尼”，此人后来成为百老汇著名的舞台设计大师。

1928年3月21日，林徽因和梁思成在位于加拿大首都渥太华的中国总领事馆结婚，并从这里启程赴欧洲度蜜月。他们一路游历了德国、法国、英国、瑞士、意大利和西班牙，他们牵手游历了德国的莱茵古堡，还在瑞士的湖面上一起划船，更留恋于文艺复兴的中心佛罗伦萨……之后，他们转道莫斯科，乘坐穿越西伯利亚的铁路，返回中国。

在横穿西伯利亚的火车上，他们认识了年轻的美国夫妇查尔斯和弗瑞利卡，这两对夫妇很快成为无话不谈的密友。然而乱世纷纭，人的缘分往往很短，除了到北京后他们的生活有过一段交集外，他们后半生再未相见。但是，50年后查尔斯夫妇对这段友谊依然念念不忘，查尔斯在给费慰梅讲述那段经历时说：

1928年初夏，弗瑞利卡和我搭上一列穿越西伯利亚的火车……在那些粗鲁而臭烘烘的旅客中，有一对迷人的年轻夫妇显得特别醒目。除了天生的沉静外，在我们眼里，他们仿佛反映着一种不可抗拒的光辉和热情。

这列横穿欧亚的列车，在穿越森林、荒漠和冰湖后，到达了中国东北，之后转道大连、天津回到北京，在北京林徽因和梁思成充任了查尔斯夫妇的导游，查尔斯讲述说：

菲丽丝感情充沛，爱开玩笑，对任何事都很坚持，走到哪儿都惹人注目。思成则温文尔雅，有幽默感，神情愉快……他们两人是完美的组合，一种气质和技巧的平衡，即使在早年，似乎也能看出两人合为一体，比各自分散所得成果要大得多——一种罕有的奇迹一般的配合。

无论是查尔斯夫妇，还是后来的美国建筑学家斯坦因夫妇，历史学家费正清夫妇，都对梁氏夫妻间的默契感到惊异和过目难忘。时值20世纪30年代，像大多数海外归来的知识分子一样，他们渴望用自己的知识改变中国的命运，最切实的一点就是把所学应用到社会上去。回国后的梁氏夫妇在东北大学开设建筑学课程，还和同仁成立了一个建筑事务所，准备放手大干一场。然而，当时战乱频仍，外敌入侵，使得他们的计划都失败了。

1930年秋天，林徽因和梁思成在东城区的北总布胡同3号安了一个家，就像当年林长民在伦敦的寓所一样，这里成了文人圈子的固定活动场所。为人母，为人妇，又兼文化沙龙的女主角，简直让她忙得像陀螺一般，费慰梅在《林徽因与梁思成》中写道：

徽因为生平第一次操持家务而苦恼，她并不是没有佣人，而是她的家人包括小女儿、新生儿，以及可能最麻烦的、一个感情上完全依附于她、头脑同小脚一样被裹得紧紧的母亲。中国的传统要求她照顾母亲、丈夫和孩子们，监管六七个佣人，还得看清外来卖东西或办事的陌生人。总之，她是这个家庭的主管，这些责任耗掉了她在家里的大部分时间和精力。

渐趋平淡和冗杂的生活，会耗尽一个人的想象力。

梁思成是梁家的长子，他的兄弟姐妹众多，加上七大姑八大姨的，经常需要“照顾”。而从福建来的林家亲戚，也时常上门叨扰。也许正因为如此，梁家的文化沙龙才从未停歇，他们以这样的方式，抗拒着生活的平庸化。在这个沙龙里聚集了当时的文化精英。萧乾在回忆第一次跟随沈从文参加这个沙龙的情景时说：

在去之前，原听说这位小姐的肺病已经相当严重了，而那时得肺病就像今天得癌症那么可怕。我以为她一定穿了睡衣，半躺在床上接见我们呢！可那天她穿的却是一套骑马装，话讲得又多又快又兴奋。不但沈先生和我不怎么插嘴，就连在座的梁思成和金岳霖两位也只是坐在沙发上边叭嗒着烟斗，边点头边赞赏……她是学识渊博，思维敏捷，并且语言锋利的评论家。

当年梁家的沙龙上，不但有作家沈从文、萧乾，还有政治学家张奚若、钱端升，经济学家陈岱孙，考古学家李济，历史学家陈垣、傅斯年，社会学家陶孟和，学者胡适，文学评论家李健吾，诗人徐志摩、卞之琳，物理学家周培源，女作家凌叔华，画家常书鸿，哲学家金岳霖，评论家陈源，外交家叶公超……名字还可以列下去，几乎都是近代中国学术史上闪闪发光的人物，在这些人中，往来最为频繁的是徐志摩和金岳霖，这构成了林徽因最为传奇的情史。

当时，徐志摩已经和陆小曼结婚，但为了应对陆小曼庞大的开支，不得不应胡适之请来北大教书。陆小曼不愿北来，故而来京的徐志摩完全形单影只，便把梁家当成了自己的第二个家。他经常介绍一些新朋友，也就是这个时候他介绍金岳霖到了梁家。金岳霖身材高大，眼神清澈，举止斯文儒雅，是清华大学哲学系的创立者，他很快便融入了梁家的沙龙。我们无从了解他是什么时候爱上林徽因的。总之，这是一生。

金岳霖年轻时曾谈过恋爱，恋爱对象是一个中文名叫秦丽莲的美国姑娘，然而并无结果。他认识林徽因的这一年，已经36岁了，即将步入人生的中年。就像是一个离奇的宿命，徐志摩把他介绍给林徽因，仿佛有所托付似的，也就是在同一年（1931年）的11月19日，徐志摩因飞机失事丧生。金岳霖曾回忆说：

从1932年到1937年夏，我们住在北总布胡同，他们住前院，大院；我住后院，小院。前后院都是单门独户。30年代，一些朋友每个星期六有聚会，这些集会都是在我的小院里进行的。因为我是单身汉，我那时吃洋菜，除了请了一个拉东洋车的外，还请了一个西式厨师。“星六碰头会”吃的冰淇淋咖啡和喝的咖啡，都是我的厨师按我要求的浓度做出来的。除早饭在我家吃外，中饭晚饭都搬到前院和梁家一起吃。这样的生活维持到七七事变为止。

梁家的孩子们称金岳霖为“金爸”，而他对梁家的孩子也宠爱极了，经常让厨师给他们做冰淇淋吃。

林徽因曾向梁思成坦陈，她爱上了一个人，或者说她两个人都爱，她所指的另一个就是金岳霖，这让梁思成非常痛苦。梁让她选择，也让金岳霖选择。最终金岳霖选择了退出，某种意义上来说他选择的只是对现实的却步，在精神上他依然爱她。说起来，那真是一个酣畅淋漓的时代，人们坦诚、纯粹、敢爱，并且不掩饰自己，爱得有风度；为了爱情，为了事业，能够冲破一切阻力，敢冒天下之大不韪。

离经叛道不难，难得的是一生离经叛道。

金岳霖的行事作风，别说在当时，就是在现下，也可以说离经叛道得令人咋舌。他像西方文学中的骑士一样，就算自己恋慕的人嫁为他人之妇，也还是要守护在她身边。而梁思成和他的家人，始终对金岳霖充满信任。

那是一个我们所不能理解的世道，有一群我们所不能理解的人。他们如此之纯粹，不以爱上一个人为羞，尽管那是别人的妻子。九一八事变后，清华北大南开等大学组成西南联大向昆明转移，金岳霖和梁家在长沙时暂时分开，在分开的五个星期里，他说“离开梁家我像掉了魂似的”，至于到李庄以后，他甚至养起了鸡，只是为了给林徽因补补身子。他每天都盼望鸡快点长大长肥，以便杀了给徽因吃。他像一个孩子一样，完全忘记了这是不符合逻辑的，而他是一个逻辑学家。

多年以后，金岳霖已经白发苍苍，而他挚爱的徽因也已经美人成土。有人曾问及这段半个多世纪的恋情，他想了很久很久，好像要说些什么，但最后却摇了摇头，淡淡地说：“我只能对她一个人讲。”

林徽因是一个“存在感”非常敏锐的人，在成为梁家的女主人之后，她并没有完全“沦陷”在家庭的琐碎事务中，而是参与了丈夫的田野考察。实际上，不论是“太太客厅”，还是爬上古建筑测绘，都是她寻求女性自身存在感的具体证明。她绝不会因为嫁为人妇，或身为母亲而认同传统的“相夫教子”的价值观，当然她也坚持履行作为一个妻子、母亲应负的责任。她的性格，乃至她的行事准则，都得到了丈夫梁思成的认同和包容。女人是男人的学校，优秀的女人则是男人的未来。信然！

1934年夏天，在山西考察的费正清夫妇邀请梁氏夫妇和他们一起去旅行。到山西后他们开始了对包括宋代寺院广胜寺在内的一大批古建的研究，距离远的时候，他们就租用传教士的汽车，距离近的时候就借用山西人的小毛驴。一旦确定考察目标，就由梁思成负责拍照，记录，林徽因则抄录能反映建筑信息的碑文或石刻文字。这段旅行尽管收获颇多，但有时候却糟糕透了，他们经常栖身荒野，有好几次不得不向来华传教的外国传教士借宿。关于这趟旅行，费慰梅的一则记录颇有意思，她说：

徽因一如既往，对周遭事物极端的敏感。当她休息够了的时候，对美丽的景色和有意思的遭遇迎之以喜悦。但是当她累了，或因为某种原因情绪低落，这时的她可能很难对付。其实，这次碰到的一些事，我们感觉都不太好。可是她在这个时候就会大声咒骂起来，这对从小受到父母教育要“随时保持风度”的我来说，颇受刺激。

林徽因被赞为女神，但女神也是人。

从费慰梅的这一则记录可以看出，林徽因有正常人的情绪，当然这也是一个普通人的情感，她可能继承了母亲性格里并不令人愉快的部分。从心理学的角度来讲，这是完全可以理解的，凡一个人的压力超过了她自身的承受能力，这时候她性格里最原始的那部分就会暴露出来，以此作为一种防御和宣泄。

这次的山西之行，只是林徽因追随梁思成田野考察的一部分，此后她们又先后考察了河南和山东，其中发现建于唐代的佛光寺轰动了整个建筑学界。

在林徽因的一生中，这一段工作有非同寻常的意义。

当代人谈及她时，经常视为才女，而她却似乎一直避免成为“才女”，或者说寻求才女之外的身份。她并不认同写几首诗或者几部戏剧那样的一生，她的骨子里有一种“力”存在，使她寻求一种能够和男子相匹配的事业，这便是建筑艺术。

1937年抗战爆发，林徽因不得不和北大清华的大批师生一起向大后方转移，开始近乎逃难般的生涯。他们一路上带着大包小包，坐过火车、汽车，甚至还坐过牛车，终于逃到长沙。处于战争阴云下的长沙实在挤了太多人，简直没有一个旅馆有空床位。当时林徽因的肺病发作了，差点就躺倒在泥泞的路边上。幸亏一家小旅馆的八名空军学员为他们硬腾出了一块地方，这批学员和林徽因的目的地一致，都是去昆明。

这些年轻人的家都在沦陷区，所以到昆明后，他们将梁家视作自己的家，把林徽因视作姐姐，不但经常向她倾诉心事，而且还请她作为“名誉家长”出席航空学校的毕业典礼。这些学员毕业后，奔赴前线参加战斗，在与日军的空战中相继殉国。

梁家是他们最后的“家”，所以他们的遗物大多寄给了林徽因，每一次她收到这些东西都会伤心地大哭，疾病加上精神打击，几乎使她陷于崩溃。然而，她不能倒下，战时物价飞涨，他们的积蓄又极少，孩子们嗷嗷待哺，母亲何氏和思成都需要她的照顾。

尽管生活是如此艰难，但梁思成的工作并未停止，在昆明甫一立定脚跟，他立刻就和同行们赴四川开始了长达六个月的考察。这时候，林徽因就一个人承担起了全部的家庭操劳，她不无抱怨地说：我是女人，理所当然地变成了一个纯净的“糟糠”典型，一起床就洒扫、擦地、烹调、课子、洗衣、铺床，每日如在走马灯中过去。然后就跟见了鬼似的，在三餐中间根本没有时间感知任何事物，最后我浑身疼痛着呻吟着上床，我奇怪自己干嘛还活着。这就是一切。

1940年11月，林徽因携带两个孩子和自己的母亲搭上一辆敞篷卡车从昆明出发到重庆，由于生病，梁思成并未同行。这趟颠簸的旅程持续了整整两个星期，依赖她的照料，老人小孩都平安抵达。

抗战的八年间，他们几乎四处流落，却几乎不能避免危险。在昆明时经常有日本人的飞机来扔炸弹，到了被梁思成称作“这个鸟不拉蛋的该死小镇”的李庄，头顶上仍然经常飞过日军的战机，使他们活在危险的阴影当中。然而，林徽因不论处在怎样的痛苦中，都从未被生活本身所“吞噬”，她始终保持着心中的坚韧与明亮，并在自己的研究中寻求安慰。

1946年，林徽因一家终于离开居住了五年的李庄，回到阔别近十年的北京，在李庄的日子，她和四十个家庭结下深厚的友谊。她就像是一盏灯，走到哪里，哪里就充满温暖与光明。

跳出被过度阐释和浪漫化的语境，我们会发现一个真实的林徽因。她的美，并不体现在三个男人对她的痴迷中，而是体现在一种向上的力量之中。相对于她充满感性的诗，她自身闪烁着一种理性的刚强。

张充和

最后的大家闺秀

中国传统的山水画，无论是远山平湖，还是林木旷野，都留有大片的空白，谓之留白。留白拓展了画作的空间感，也赋予作品高逸的意境。旅美作家苏炜在谈及张充和时曾这样说：“如果说，20世纪所谓的大历史、大史诗是‘有’，张充和这么一个人就是‘无’；如果说大历史是一幅中国历史画卷上的真山真水的话，张充和就是真山真水之间的留白。20世纪各种经世致用的学问，各种政治人物、名人、达人的言论、行止也好，阴谋诡计也好，是中国历史的有用的‘用’，张充和这么一个人物就是无用之用的‘无’。”

身处20世纪上半叶的中国，大多数人尤其是知识分子，不可避免地被卷入大时代的洪流中。这是一个变革的时代，求新不但是一种追求，也是一种时尚。张充和却“逆流”而进，守持传统，并始终如一。如果说20世纪上半叶的大部分知识分子在追求家国存亡的“用”，张充和追求的则是心灵世界的“无”。

张充和出身合肥名门望族，其曾祖父张树声是晚清时期淮军的二号人物（一号人物是李鸿章），其祖父张华奎是光绪年间进士，曾任川东道台，以善于办“外交”著称。到了其父张武龄（后更名张冀牖，又名吉友）这一代，张家地位虽不复昔日显赫，但仍属于合肥的名门望族。

张家后人不但继承了祖上大片田产，且在合肥、南京、苏州、上海、天津等城市都有商号和房产，照常理，张冀牖这样旧式的传统贵公子衣食无忧，不必在世俗中挣扎腾挪。但传统并不意味着守旧和腐朽，张冀牖并不满足于生活在祖上的庇荫之下，而是走出家门，来到上海，后来在苏州创办“乐益女中”，张充和与其姐弟兄妹们都曾在这所学校读书。

张充和的母亲陆英是扬州大盐商陆静溪的女儿，出嫁的那一天，光送嫁妆的队伍就长达十里，站在张府门口迎亲的贵公子张冀牖，尽管见多识广，但看到那绵延不绝的队伍还是吓了一大跳。

我们现在没有更多的影像资料来了解陆英，但从一张旧照片上，大致可以一窥她的风采。她神情沉静，头戴缀花宽檐礼帽，身穿西式束腰长裙，一手略提裙摆，另一手拎着链带女包，有人说这是典型的爱德华时代的装束，而她的背后则是大海（应为照相馆的布景）。总之，在这个东方女性身上，我们看到了时尚的呈现，且如此得体，乃至有一种天衣无缝的协调。

叶稚珊《张家旧事》中说，张冀牖在婚前和陆英并未见过面，将其娶进门后“盖头掀开，新娘子羞怯怯抬眼一看，所有人都愣住了——不得了！新娘子太漂亮了，一双凤眼，眼梢有一点往上挑，光芒四射，太美了。”这位张家的大少奶奶一口气生了十四个孩子（活下来了九个），其中前四个都是女孩，张充和便是家里的“小四毛”（这是张家对女孩的昵称）。

尽管张府上下百十来号人，都对陆英这位大少奶奶敬重有加，但连生四个女孩，还是急坏了张家的长辈。叔婆婆李氏（张冀牖二叔张华轸的夫人）见这位侄媳妇压力太大，便主动要求抚育充和。

说来李氏也是一位旧式名媛，她是李鸿章四弟李蕴章的女儿。李家当年嫁女，极其爱顾这个女儿，陪嫁了大片田产，然而其夫已逝，虽身在豪门，却无意管理，便一心向佛，取法名识修。据说李氏抱走张充和时，曾提出找个先生为孩子算命，但是陆英说："不必了，命是她自己的，别人妨不到她"。就这样，尚处于襁褓之中的张充和来到了合肥龙门巷的深宅大院。

童年、少年时代的张充和，接受的完全是旧式"贵族教育"，李氏虽然是旧式女子，但毕竟是李鸿章家族的女儿，有眼光和胆识，她不惜重金为张充和聘请最好的老师，教授她历史、书法、诗词、绘画、音乐……使她受到最系统的古典文化教育。

余英时在为《张充和诗书画选》所作的序言中谈及张充和所受的教育时说："她自童年时期起便走进了古典的精神世界，其中有经、史、诗、文，有书、画，也有戏曲和音乐。换句话说，她基本上是传统私塾出身，在考进北大以前，几乎没有接触过近代的教育。进入20世纪以后，只有极少数世家——所谓'书香门第'——才能给子女提供这种古典式的训练。"实际上，李氏不但注重张充和的学养，也注重对她精神气质的培养，手把手地教她怎样做一个优雅的女人，从一颦一笑到动静行止，无不细致入微，使她成为一个中国式的名媛。

四岁以前的张充和，对母亲几乎没有什么概念，她一直以为自己是“叔祖母”李氏生的，直到七岁时的一天家里忽然来了一纸电文，她才明确了母亲的含义，然而电文传来的却是母亲陆英病逝的消息。当然，她并非对母亲没有印象，在母亲去世前，李氏也曾带她去苏州寿宁弄的张家别墅里，那是一个非常热闹的环境，有三个神仙般的姐姐和一群乖巧的弟弟。

当时，母亲陆英正在家里发起“教保姆识字”运动，三个姐姐不但是保姆的老师，还给妹妹和弟弟当老师。陆英给她们仨每人一块布，叫她们给自己的学生绣书包。张充和的小老师是二姐张允和，她知道叔祖母李氏的“超前”的教育，自己的古文功底不及四妹，但四妹只知古文，不知白话文，更不知胡适先生，因此二姐将张充和改名为“王觉悟”，来一个“下马威”。

二姐将自己改名为“觉悟”，连带把姓也改了，还把这名字绣在书包上，这让张充和很不乐意。她诘问道：“我为什么要改名叫觉悟？”

张允和说：“觉悟吗，就是醒来后恍然大悟，明白了一切。”

张充和问：“明白什么？”

张允和说：“明白这是一个新的时代，只有民主科学才能救国。”

张充和说：“就算你起的名字没有道理也有道理，我倒问你这个明白道理的人，你为什么要改我的姓，我姓张，你为什么要我改姓王？大王就是皇帝，皇帝和土匪是一样的人，成王败寇，你是说土匪也觉悟了吗？强盗也觉悟，老百姓岂不是要吃苦。什么王觉悟，我不稀罕这个名字，还是老师呢，连姓名都取得不太通。”随后，张充和发出一串银铃般的笑声。

二姐张允和被诘问得无以回答，干脆哭了起来，这便是“王觉悟闹学事件”。多年以后，张充和与夫君从美国归来，二姐允和还戏谑地说：“王觉悟呀，王觉悟，你现在觉悟了没有。”童年的这件趣事，成为家里最温馨动人的画面。

当张充和再次回到苏州，张家已经从寿宁弄搬到了九如巷，家里多了一位继母和一个弟弟。尽管孩子们都不大，但十兄妹在一起使张家充满了诗书之家的韵味。有一回，张充和在苏州小住，回合肥的前一晚上，三个姐姐在家中楼阁上为她诗酒饯行。

当晚，半个月亮挂在天空，满园的花香氤氲扑鼻，四姐妹将一张旧桌案移到窗前，桌上放着四个冷碟和一壶酒。姐妹们从未喝过酒，但念着饯行必佐之以酒，诗酒相映才能成趣，因而也都端杯做个样子。大姐元和先开口成句：更深夜静小楼中。二姐张允和却不接口，原来她真喝了，几杯酒下肚，两腮绯红，艳若桃花，不胜酒力竟然睡着了。

三姐兆和接了个下句：姐妹欣然酒兴浓。大姐元和赶紧接句：盘餐虽少珍馐味。张充和接最后一句：同聚同欢不易逢。宛若《红楼梦》中的姐妹相聚，情景虽然不同，但是中国诗书之家的气象依旧有几分的。

更漏夜深，然而月色甚美，姐妹们全无睡意，自幼与叔祖母生活在一起的张充和第一次体验到何为“百感交集”，她乘兴作了一首五律：

黄叶乱飞狂，离人泪百行。
今朝同此地，明日各他方。
默默难开口，依依欲断肠。
一江东逝水，不作洗愁汤。

次日，大弟张宗和得知昨夜姐姐们的诗会，为没有参加而沮丧，作了一首诗送别姐姐。回到合肥后，张充和把姐妹们的诗和弟弟的送别诗拿给诗词老师左履宽（此人系清末举人）看，左氏认为宗和的诗最佳，因为不受旧式诗词濡染，没有套话，最是通畅明白。

十七岁时，李氏去世了。临终之际，命张充和背诵《史记》中的名篇。这个旧式女子，是喜欢太史公雄奇瑰丽的文章，还是喜欢那些英雄传奇，这始终是一个难解的谜，总之，她把未竟的传奇留给了张充和。李氏无所出，膝下虽有养子张成龄，但仍在遗嘱中将大片田产留给了张充和，此后中国的时局风云变幻，张充和当然不可能领有这些土地，但她一生都保留着有关那些土地的地契和文书，那是一个亲人对她的佑护。

张充和在合肥生活了十七年，李氏亡故后她归宗生身家庭，回到了苏州张家。在辞别合肥前，一拨又一拨的亲友为她饯行，当然这也包括十几年来一起玩耍的伙伴，可是她与朋友们并没有太多的话讲，她当然知道这一别的含义，可能再也不会回来了。

一个人的一生，童年和少年时期的经历会给予此人极大的影响。张充和早期所受的教育，无疑是一种古典的文化教育，这种教育渗透于她的血液中，使她的情感也带有一种古典意味，那是杜丽娘式的情感。她在《别了龙门巷》一文中写道："我和她们都是一句话没有，悄悄地立在晨曦初破的花影下，默然地诉尽了各人的惆怅。"

张充和在龙门巷张家大宅的这一段生活，虽然备受宠爱，却有几分"少年哀乐过于人"的味道，李氏毕竟是一个老人，仆妇们又哪里懂得一个少女的心事——她是孤独的。对于一个孩子来说，这所大宅确实是乐园，有亭台楼阁巧布的大园，有汗牛充栋的书房，有叔祖母清修的斋院，有专司主人家饮食的大厨房，还有花木扶疏的花园，最令她迷恋的是各种树木：香椿树、古槐树、樱桃树、苹果树、石榴树、杏树、桂花树、梧桐树……她曾多次爬上那些参天大树，也曾偷偷从私塾先生的眼皮下溜出来捡拾桐子，然而在这些乐事之外，她的目光也经常掠过楼台，盯着大宅的青砖高墙，这所曾经的王侯之府爬满了苍苔，也布满了裂缝。

张充和在《裂缝》一文中说："我好像有许多不能告诉人的悲哀在那缝里面，它深深的黑黑的，张开它忧郁的口，成天向我叫着烦闷。"墙缝不会有烦闷，烦闷来自张充和自己。同样的，在另一篇题为《罗汉》的文章里，则透露着超越少年体验的东西：李氏是佛教徒，经常带少年张充和出入寺院，她初次踏入寺院的罗汉堂，便好奇于五百罗汉的姿态各异，照当地的说法，多少岁的人数多少个罗汉，数到的那个罗汉便是自己。几乎每次踏入罗汉堂，她都要数一数：

我数到的，有的是一个慈祥的老者手中在抚弄着一只猫，有的拿一本书，有的像变戏法的人似的，身上缠绕一条已驯服的蛇。我每数到一尊时，心里总想：

“我将来会像他吗？一定不会的。”一直数下去，总找不到自己喜欢的。

……

现在仍然有那股傻劲，向罗汉堂中找自己。却更有一股傻劲在这个世界中寻找自己。也许是自己太糊涂，也许太囫囵，连自己都找不到了。找到的自己，总不是理想的自己。让自己忘了自己吧，祝罗汉们道安。

原来姹紫嫣红开遍，似这般都付与断井残垣，良辰美景奈何天，赏心悦事谁家院？朝飞暮卷，云霞翠轩，雨丝风片，烟波画船，锦屏人忒看的这韶光贱，则为你如花美眷，似水流年，是答儿闲寻遍，在幽闺自怜。

这段《牡丹亭》里的戏文，张充和背得烂熟，在她与小伙伴们一起游园的时候，是否在她内心荡起了共鸣呢？当她走到大门口，向成群的仆妇和看守门房的老仆作别，老仆不禁发出一声长长的叹息，他知道大小姐这一别是再也不会回来了。假如以张充和与张氏家族为原型写一部小说，只怕其中的人世哀凉，不会逊于《红楼梦》吧。

回到苏州后的张充和，在父亲创办的乐益女中上学，新式学堂和她接受的旧式教育完全不同，数学和英语等课程令她吃尽了苦头，但有一门课程却成了她的最爱，那便是昆曲。张冀牖见女儿喜欢，就专门请了一个老师来授课，他便是出身昆曲世家的沈传芷。沈传芷是民国“昆曲传习所”第一代“传”字辈的人物，艺术造诣了得，在教学上倾囊相授，使充和受益匪浅。此后，因为战争影响，张家迁往上海避难，但张充和的昆曲学习从未中断过。

张充和在上海光华中学念书期间，加入了由曲学大家吴梅等人创立的幔亭曲社，还曾在上海的兰欣戏院登台演《牡丹亭》中的《游园》《惊梦》两出戏，她演杜丽娘，李云梅（画家吴子深的姨太太）演丫鬟春香。

不过，对于这次演出也有人不满，那便是戏曲大家王季烈，他认为张充和是世家大族的女公子，李云梅虽是昆曲名角，但身份低微，不该与之同台，他甚至叫张充和的弟弟张宗和传话，叫她不要参演。但张家子弟早已摒弃了旧式的尊卑之念，张充和放话给老先生：“那么请王先生不要来看戏，但李云梅一定要上演。”

张充和除师从沈传芷外，还选修过曲学大师吴梅的课程。吴梅是近代以来在昆曲研究和实践上成就最为卓著的一位学者，张充和曾多次登门请教学问。他曾给张充和题字：展生绡，艺林人在；指烟风，花本天开。

1933年9月，张充和到北平参加三姐张兆和的婚礼，期间萌生了报考北大的想法。次年，她化名“张旋”参加考试，其他各门功课都是优等，唯有数学考了零分。按照北大当时的招考规定，凡有一门不佳，则不予录取，何况考了零分。但张充和的国学课程实在是太棒了，她向壁虚构的作文《我的中学生活》更是打动了批阅试卷的老师。以爱才著称的校长胡适便向试务委员会说情，希望他们笔下“开恩”，象征性地给张充和几分，但负责阅卷的老师根本不理胡大校长，胡校长无奈，只好亲自出马破格录取张充和。这令人想起当年钱锺书报考清华，也是数学成绩糟透了，爱才的校长罗家伦破格录取了他。

近代北大的历史，堪称中国近代史的缩影，不但弥漫着学术氛围，同时还有革命风潮。对于青年人来说，恋爱和革命具有同等魅力，那是一种激荡热血，令人为之痴迷的力量。但恋爱也好，革命也罢，张充和显然有自己的理解，这令笔者想到金庸小说《神雕侠侣》中的小龙女。她成长在与世隔绝的古墓中，对现实世界的理解不取决于世俗成见，也不取决于他人灌输，完全遵从自己的心。龙门巷幽暗寂寞的大宅就像是一座古墓，隔断了张充和与“革命中国”之间可能发生的联系，完整地保留了一份传播中国古代文化的使命。

但严格来说，就连所谓“使命”也谈不上，在她而言，她自己所做的一切都是自然而然做出来的，是顺乎一个人对“美”与“知”的追求的。但这并非说她是一个旧时代的“化石”，恰恰相反，她和当时的所有青年一样沐浴在新文化运动的氛围中，接受了平等自由等思想，她的文章《隔》颇似鲁迅的小说《故乡》，其中的人物是她少年时的玩伴，那是一个仆人的儿子。

少年时浑然无邪，无贵贱之别，成年后却对她毕恭毕敬，甚至下跪，这令她感到窒息。就像《故乡》中的闰土和迅哥儿一样，旧思想的遗毒和底层的痛苦生活已经在他们之间划下了一道鸿沟。张充和用少见的愤怒笔触写道：“你这么恭敬叫我冷，你这么胆怯叫我怕……是谁把一大堆一大堆美丽的天真的，无贵贱阶级的，无男女界限的儿时生活埋葬起来了呢？我明知你不肯埋葬，我不肯埋葬，那又是谁呢？”

那一代人，大约很少有没读过鲁迅的，张充和的父亲曾遍读鲁迅作品，她自己不可能不知道那篇著名的小说《故乡》，就算没读过，她的这篇文章和《故乡》也有一脉相承的意义。

然而，仅止于此，因为再往前走一步，那就不是张充和了。

相较于父母一代，张充和这一代人更趋于现代，他们是温和的革新派，以理性平顺的方式打破旧的尊卑观念，顺理成章地接受了人与人之间的平等关系，这种平等不只是一种观念，更是一种情感。曾照顾过张充和的保姆高干干六十岁时，她与弟弟们专门为老人过六十大寿。高干干去世后，她还曾写过一首诗，在她眼里，那不是一个地位不高的保姆，而是她的亲人。

趁着这黄昏，我悄悄地行，行到那薄暮的苍冥。一弓月，一粒星，似乎是她的离魂。她太乖巧，她太聪明，她照透我的心灵。

趁着这黄昏，我悄悄地行，行到那衰草的孤坟。一炷香，一杯水，晚风前长跪招魂。唤到她活，唤到她醒，唤到她一声声回应。

从这诗里，我们可以看出，那情感的表达方式，仍是古典式的。

张充和一生的最大成就是书法和昆曲，她为人洒脱，与士林人物相交，往往磊落得令人喜爱，便是一些大家也愿意毫无保留地为她指点一二。大书法家沈尹默曾指导她的书法长达五年，对其评价很高，称之为“明人写晋人书”。客观地说，张充和的字很别致，却并非风格化的东西，实际上任何艺术一旦流于风格化便不免浅薄，而张充和的字不媚不流，沈尹默的考语，是说其有古意也。沈氏曾赠充和诗云：

四弦拨尽情难尽，意足无声胜有声。
今古悲欢终了了，为谁合眼想平生。

在友情、爱情、亲情之外，有没有另外一种情感呢？那是一种像朋友，却充满恋慕的感情。我想大概是有的。今人说暧昧，古人说意淫，都无法精确地表达这种感情，那是一种古典主义的东西。

张充和直到三十五岁才结婚，丈夫是德裔美国人傅汉思。爱情来临，没有理由，既无关相识的早晚，也不论交往的短长，就是那么一刹那，便决定将自己的一生托付给这个人。叶圣陶曾说："九如巷张家的四个才女，谁娶了她们都会幸福一辈子。"

张充和才貌俱佳，追求者甚众，在重庆礼乐馆工作时便有雅士别出心裁，用甲骨文写了情书给她，然而终究没能入她的"法眼"。诗人卞之琳对她恋慕半生，据说那首著名的《断章》就是为她而写。歌德在《少年维特之烦恼》中有一个著名的论断：无望的爱情之火最为旺盛。卞之琳直到45岁才结婚，可以说是一个诗人最痴情的坚守。

对于这一段如烟如雾的恋情，据说多年后曾有人问张充和，为何当年没有直接干脆地拒绝呢？张充和回答说："人家没说请客，我怎么好说不去呢？"原来，她一直在渴望一份炽烈、切实的感情。不过，爱从来无罪，你可以不爱一个人，但不能轻视一个人的爱。卞之琳固然未能得到张充和的爱情，却获得了她的友谊，便是海天相隔，光阴飞逝三十多年后，张家人都还把他看作他们最重要的朋友。

张充和的夫君傅汉思出身学术世家，其父辈都是西方古典文学的教授。傅汉思从小受家学濡染，也热衷于文学研究，精通英语、法语、德语等多国语言，在美国时与胡适相识，受邀请到北京大学担任西班牙语系主任。1948年的时候，傅汉思结识了同在北大任教的沈从文，经常到沈宅聊天，并与住在沈家的张充和相熟。很快，沈从文就发现傅汉思来沈宅的目的并不是找他，而是找张充和，因此傅一来，他便把空间留给他们，以免当电灯泡。

1948年11月19日，相识不到一年的张充和与傅汉思在北平成婚。此时国共内战正酣，解放军即将发动平津大作战，在这兵荒马乱之年，也来不及通知散居各地的兄弟姐妹，参加他们婚礼的除了美国大使馆的人员外，只有十余个亲友。一个月后，张充和甚至来不及与同在北平的三姐张兆和见一面，只打了个电话就随夫乘上飞机离开了故国。此后三十年间，她在耶鲁、哈佛等海外的高等学府讲授中国文化，使西方人了解了中国书法和昆曲的魅力。

昆曲需要笛子伴奏，但美国不生产笛子，张充和便截取自家园子里的竹子自制笛子，当然竹种也是她从中国带去、亲手种植的。上课的时候需要搭档，她便教9岁的女儿学昆曲，母女二人穿着中国的旗袍，站在耶鲁的讲台上，给一群金发碧眼的美国学生上课。她们的发式、装扮、举止深深地打动了学生们，让他们领略到东方文化的魅力。

傅汉思儒雅，宽容，性格宽宏，虽然身在美国，他却经常与妻子说汉语，他曾这样评价妻子，说她是“一个中国诗歌的终身弟子，以及中华文明最美好精致的活生生的化身”。他对中国文明有着深刻理解，因而能与妻子相得益彰。

在他们结婚三十年后的某一天，夫君去加利福尼亚州开会，她回顾往事，灵感突发，在枕上连作二十首诗，其中一语说“涂里相将闲曳尾，强如东海傲云天”，这是借用庄子的典故，说自己宁可像水田里的龟，享受泥涂里自由自在的生命过程。张充和天性爱自由，不为“有用”与否所驱使，人们对她的字评价很高，她却说自己的字是随便写写。就像宋元山水画一样，远山平野之上的留白是原本存在的，并不是画家的构建。

张充和的一生，正是那种自然的存在。

她不曾明确表达过炽烈的情，但那情在骨子里；她不曾参与过什么进步活动，但关于人类情感的爱与美，真与善，都在她的笔下，她是最具中国传统风骨的名媛。

陆小曼

她是中了寂寞的毒

丘比特的箭是盲的，这个小爱神蒙着眼睛胡乱射一通，就把两个不相干的人硬捏在一起了。陆小曼与王庚是两个不相干的人，徐志摩与张幼仪也是两个不相干的人。而陆小曼与徐志摩恰是那一个苹果切成的两半，金童玉女，珠联璧合。然而再契合的灵魂也会被生活磨损，生活不是两个人的事情。

你若爱我，就全心全意，彻底地、纯粹地对我，不要为外物所左右，否则，稍许的倾斜就会在我心里系了结，有了情绪，你往我心上滴镪水，我往你心上滴镪水，所有起初看起来美好的爱情都葬送在这种不彻底上。

初相见的时候，他们的甜蜜羡煞旁人。

那是1924年夏天，在豪华热闹的舞场，两人初次邂逅，才子与佳人步入舞池。“他们彼此深信，是瞬间迸发的热情使他们相遇”，灯光配合着音乐，舞步交错着人影，在这恰到好处的氛围中，谁能不生出些许遐想，何况“他们两个，一个是窈窕淑女，情意绵绵；一个是江南才子，风度翩翩；一个是朵含露玫瑰，一个是抒情的新诗”，一切都为恋爱作好了注脚，写好了冒号，就等着下文。

偏偏老天也来作美，一次义务演戏又让两人碰在一起，在《春香闹学》中，志摩演老学究，小曼演丫鬟春香，第一次亲密接触让志摩触电般地记下，诗人写下热烈的诗句：“你不觉得我的手臂更迫切地要求你的腰身，我的呼吸投射在你的身上，如同万千的飞萤投向火焰？”

他的爱情如飞萤，小曼却是火焰。因为陆小曼此时已经是陆军少校王庚的妻子。

媒妁之言，父母之命。尚且懵懂的少女陆小曼与王庚从订婚到结婚还不到一个月，她自己的态度无可无不可，王庚却是陆小曼之母吴曼华相中的乘龙快婿。气宇轩昂，谈吐不凡，敦厚正直，青年才俊，毕业于美国西点军校，刚回国就成了军阀各方势力争抢的香饽饽……

然而婚后，两人的不协调很快暴露出来。

小曼是被宠爱呵护着长大的，她心性细腻、善感，需要精神上的互动。可是军人王庚却刻板无趣，又是苦日子出身，一心想在仕途上发展。每次回家来，小曼说：你回来了。他嗯一声就进了书房，在书房里一坐就是几个小时，日日如此。虽然对小曼是有爱的，但却不知道给她温存，不陪她玩耍与聊天。在这个寂寥的大房子里，小曼一日比一日寂寞，她又开始流连舞场，在纸醉金迷的社交界沉醉，王庚有时候就会对她大发脾气。他以为把她娶回家去就完成任务了，却不懂得婚姻需要经营，不经浇灌的婚姻会成为死气沉沉的坟墓，情感丰富的陆小曼要么在这坟墓里郁郁而终，要么另寻感情的出口。

恰巧，徐志摩也是王庚的朋友，他一上门，王庚就说：“我没空，让志摩陪你去玩吧。”

其实小曼身边早有张歆海、胡适等人虎视眈眈，木讷的王庚却毫无危机感，而知情知趣的诗人徐志摩自然最能讨小曼的欢心，花前月下，你侬我侬。

没想到会有这样的机会，在初度晕眩之后还能频频相伴。徐志摩陪着陆小曼逛天桥，爬长城，喝茶画画，跳舞看戏，其乐融融，情愫绵延。两个人你中有我我中有你，再也分不开了。

王庚接到调令，要去哈尔滨担任警察局长，让小曼随行，可是哈尔滨没有徐志摩，小曼寂寞难耐，要求回北京。王庚不明就里，竟允她一个人回了北京。

徐志摩和陆小曼经常在“松树七号”也就是新月社的聚集点相会。两人志趣相投，相见恨晚，眉目传情，恋恋不舍，越说越有说不完的话，私语话情愁，也确实有了愁。小曼在日记里写道：“这样的生活一直到无意间认识了志摩，叫他那双放射神辉的眼睛照彻了我内心的肺腑，认明了我的隐痛，更用真挚的感情劝我不要再在骗人欺己中偷活，不要自己毁灭前程。他那种倾心相向的真情，才使我的生活转换了方向，而同时也就跌入了恋爱了。于是烦恼与痛苦，也跟着一起来。”

寂寞的小曼从此找到了知音，这才是可恋之人，才是她的恋人，志摩如一阵春风，在她这一池平静的碧波上吹起了皱。而对于徐志摩，“我的诗魂的资养全得靠你，你得抱着我的诗魂像母亲抱着孩子似的，他冷了你得给他穿，他饿了你得喂他食——有你的爱他就不愁爱不怕冻，有你的爱他就有命！”

你教给我什么是生命，什么是爱，

你惊醒我的昏迷，偿还我的天真。
没有你我哪知道天是高，草是青？
你摸摸我的心，它这下跳得多快；
再摸我的脸，烧得多焦，亏这夜黑。
看不见；爱，我气都喘不过来了，
别亲我了；我受不住这烈火似的活，
这阵子我的灵魂就像是火砖上的。
熟铁，在爱的锤子下，砸，砸，火花
四散地飞洒……我晕了，抱着我，
爱，就让我在这儿清静的园内，
闭着眼，死在你的胸前，多美！

徐志摩的表弟将复熜曾谈到当时的情景：“因为陆小曼参加了新月社，自然和志摩很熟，当时志摩恋林失败，正在此时，小曼予志摩照顾周到，饮食与衣物日常送赠，我那时几乎每日到志摩处，颇觉这位王太太对志摩的照顾有逾友谊。”

徐陆之恋闹得满城风雨，王庚的名字在大街小巷被传扬，他忍受着，沉默着，直到去了上海，工作稳定下来，才给小曼下了最后通牒：“一、请放尊重点；二、请火速去上海。”像军队里的命令，他这个军人准备打一场持久战。

但他很快败下阵来。陆小曼的心是站在徐志摩一边的，他怎么拉得过来？还有胡适、刘海粟、张歆海等一大帮人，都站在徐陆一边，甚至连一向看好王庚的岳母吴曼华，最后也因为刘海粟的游说，倾向徐陆那一边。母亲陪着陆小曼一到了王庚身边，几个朋友就举行了一场鸿门宴，对王庚进行围攻。

王庚同意离婚。

陆小曼改嫁徐志摩，在当时那个崇尚“三从四德”“嫁鸡随鸡”的时代，引起轩然大波，把她捧为天人的文人雅士瞬间变成“真的猛士”对她大加挞伐，连走在思想前沿的梁启超也指责小曼轻薄放荡配不上徐志摩，在两人的婚礼上大放厥词：

徐志摩，你是一个有相当天才的人，父兄师友，对于你有无穷的期许，我要问你，两性情爱以外，还有你应该做的事情没有？从前因为你生命不得安定，父兄师友们对于你，虽一面很忧虑，却一面常常推情原谅……我们从今日起，都要张开眼睛，看你重新把坚强意志树立起来，堂堂地做个人哩；

陆小曼，你既已和志摩做伴侣，如何的积极地鼓舞他，做他应做的事业，我们对于你，有重大的期待和责备，以后可不能再分他的心，阻碍他的工作……

当面说的这些话太客气了，梁老夫子背后说的话才叫人哭笑不得："这次看着他陷于灭顶，还想救他出来，或者竟弄到自杀。我又看着他找得这样一个人做伴侣，怕他将来痛苦无限，所以对于那个人当头一棍，盼望她能有觉悟，免得将来把志摩弄死……"

这是徐志摩老师的态度，后面还有徐志摩的父母等着要给陆小曼颜色看呢。

徐志摩奉父母之命带着媳妇回硖石老家，在路上两人满怀憧憬。不管怎样，他们此时是幸福的，是快乐的。志摩说："身边从此有了一个人——究竟是一件大事情，一个大分别；向车外望望，一群带笑容往上仰的可爱的朋友们的脸盘，回身看看，挨着你坐着的是你这一辈子的成绩，归宿……"陆小曼偎依着徐志摩，陶醉的语气不言而喻："在以后的日子中我们的快乐就别提了，我们从此走入了天国，踏进了乐园……同回到家乡，度了几个月神仙般的生活。"

在徐家，陆小曼没有林黛玉的聪慧，不知进了贾府要步步小心，她还是一副娇憨模样，想怎么样就怎么样。完全是大小姐派头，什么都用高档的，北京的墨，外国的手帕，睡觉睡到中午才起床……

她让徐志摩吃她吃剩的米饭，换来徐母剜她的眼神；

她对数字头疼，不想像徐志摩前妻张幼仪那样管账，换来徐父的叹息；

“你学了文学，她再不管家，这个家以后怎么办？你总是护着她，到时候你有苦头吃了，我们两个老人无所谓，看不惯我们可以走，我们可以上幼仪那儿去。”

两个老人说到做到，果然让陆小曼下不了台，不久就到张幼仪那里去了。这是嫌小曼，避小曼啊。眼不见心不烦，对于这难堪的一击，陆小曼无可奈何。

剩下她与志摩两个人，倒也清静不少。携手相依，吟诗作画，登高望远，真正的神仙眷侣啊。与有情人，做快乐事；与有情人，没有寂寞。外面的繁华算什么，只一个人就够了，相看两不厌，静得“连掉一根针的声音都听出来了”。这在陆小曼“可以算得是达到我们的理想生活。”

谁说小曼只爱浮华？谁说小曼生性浅薄？

因为战事，也为了徐志摩的事业，他们离开硖石老家，来到了上海。

上海是个大都会，也是个染缸。滋生浮华的温床。

陆小曼太耀眼，《良友》《上海漫画》《上海画报》等刊物纷纷刊登她的玉照，名人雅士慕名而来，邀请不断，她又开始出入社交场合，过起了之前的夜生活。志摩有志摩的事业，小曼有小曼的娱乐。

对此，徐志摩大为不满："你这无谓的应酬直叫人不耐烦，我想想真有气，成天遭强盗抢，老实说，我每晚睡不着也就为此。眉，你真的得小心些，要知道'防微杜渐'在相当的时候是不可少的。"

经历那么多波折才在一起，可是一旦成功，各自的本性就流露出来了，本性与本性摩擦，难免生出怨来。每个人身上都带着成长的烙印，都充满着习气。陆小曼从小被娇养惯了，衣来伸手饭来张口，想要什么就有什么，想怎么样活就怎么样活，再加上教会对贵族小姐的教育，本来就是用于社交的，她无法从习惯中走出来，这让徐志摩非常苦恼。

但陆小曼自有她的道理："可叹我从小就是心高气傲，想享受别的女人不容易享受得到的一切，而结果反成了一个一切不如人的人。"还有她交朋友的态度，男女不分，没个尺度，志摩只好提醒她："受朋友怜惜与照顾也得有个限度，否则就有界限不分明的危险。”后来果然有了危险，闹出了事端。给陆小曼按摩的世家子弟翁瑞午因为与小曼走得过近，被小报做过绯闻报道。

这场闹剧传得满城风雨。徐志摩躲到国外去了，陆小曼仍旧身正不怕影子斜。

徐父看不惯陆小曼，经济上断了供给。徐志摩为了供陆小曼挥霍，在几所大学教课，课余还要写文章赚稿费。他在日记里写道：“我不愿意你过分‘宠物’，不愿意你随便花钱，无形中养成‘想要什么非要到什么不可’的习惯。我将来决不会怎样赚钱的，即使有机会我也不来，因为我认定奢华的生活不是高尚的生活。爱，在俭朴的生命中，是有真生命的，像一朵朝露浸着的小草花；在奢华的生活中，即使有爱，不能纯粹，不能自然，像是热屋里烘出来的花，一半天就有衰萎的忧愁。”

他希望陆小曼脱离物质的束缚，发挥自己的才华，写文章，画画。他送给她“一本纯粹性灵所产生，亦是为纯粹性灵而产生的书”。他为了让她坚持学画，还用高学费请了老师；他诱导她为他的书写序。可是陆小曼只有三分钟耐心，坐在桌前只等着志摩一声令下，不用写了，就像得了赦令的小孩子一样跑出去玩了。

她知他是为她好，但是她实在力不从心。达不到他的期望，她也是内疚和自卑的。身体这样坏，为了减轻痛苦又有了鸦片瘾，她对自己是无能为力了，索性放纵起来，留恋舞场，抽鸦片，打牌，完全不是先前那个美丽且有灵性的女子了。徐志摩着急也没有用，她吸鸦片，他就窝在她身后打盹儿。这是怎样的爱，像两个无助的孩子相依为命。

有人来劝徐志摩离婚了。他怎么舍得丢下她，怎么能在她有灵性的时候追求她，待她变了样就丢下她呢。无论她变成什么样都还是他的，都是他的责任，他要拯救她，同时也要拯救自己。他在给陆小曼的信中说："安乐是害人的……我的笔尖再没有光芒，我的心上再没有新鲜的跳动，那我就完了……要知道堕落也得有天才，许多人连堕落都不够资格。我自信我够，所以更危险。因此我力自振拔，这回出来清一清头脑，补足了我的教育再说。"

他希望陆小曼争口气，能做成点事，羞羞这势利的世界："再说到你学画，你实在应到北京来才是正理。一个故宫就够你长年揣摹。眼界不高，腕下是不能有神的。凭你的聪明，绝不是临摹就算完毕事。就说在上海，也得想法去多看佳品。手固然要勤，脑子也得常转动，才能有趣味发生。"

她是他的骄傲，他希望她是他的骄傲。陆小曼的一幅山水画长卷，他随身带着到处给人看，找名人题字，有人夸奖，他心里就欢喜。

为了生计，他应胡适之邀去北京教课。陆小曼不愿意随往，一个人留在舒服的上海过纸醉金迷的日子。徐志摩要走，她也不再关心他，也不帮他整理行装，也不动身送他。因为她有她自己的心事，她的心事，就是北京住着一个林徽因。

林徽因一直是她的一个心结。

陆小曼说："早四年他哪得会来爱我，不是我做梦么？我又哪儿有她那样的媚人啊？我从前不过是个乡下孩子罢了，哪儿就能动了他的心？"她一直觉得徐志摩是因为追不到林徽因才转向了自己的。她在日记里写道：

我这两天灰心极了，在他（徐志摩）身上亦不想有多大的希望，他心里的真爱多给了她（林徽因）了，我愈想愈不应闯入他那真情破网里。

他虽然失意，可是他的情仍未死，我为什么去扰乱他……

她当初不是没有犹豫过，但最终接受了他的爱情，是因为“得啦，我的心是最软不过的……”一个女人最无法容忍的是，她的男人曾经深爱过另一个女人，且至今没有放下的迹象。她不是首选，这种退而求其次让骄傲纯粹的陆小曼深受折磨。

而徐志摩呢，也确实不够专一。他有了陆小曼之后，还与林徽因、凌叔华等人保持着一种亲密关系，让陆小曼时时有自卑感。他的爱护始终没有做到位，暗暗地伤害了她，“昨日去叔华家谈了一下半天，知道你寄给她你作的文章，你为什么不寄点给我呢！我的学问虽则是不好，可是我的心是最好强的，你可千万不要看不起我，人家看不起我比什么都难过。我知道你是爱我的，我心里很觉得安慰，只是你对我终没有对她们那一般的情，清夜里想起来使我心酸。”

陆小曼有自己的心酸，所以她拒绝去北京。但是有几人能懂得其中的玄妙，懂得他们之间的嫌隙曲折。很多人都怪陆小曼不与徐志摩一起去北京，让他来回跑，以致赶上飞机失事，是她害死了徐志摩。

徐志摩要去北京，陆小曼嘴上不说，但不满也露出来了，淡淡的，懒懒的。徐志摩曾写信埋怨道：

我家真算糊涂，我的衣服一共能有几件？此来两件单

哔叽都不在箱内！天又热，我只有一件白大褂，此地做又无钱，还有那件羽纱，你说染了再做的，做了没有？……你自己老爷的衣服，劳驾得照管一下。

徐志摩的信写得很勤："我如此忙，尚且平均至少两天一信，你在家能有多少要公……连个恶心字也不来……"陆小曼信是回了，但没有热情：

玉器少带两件也好，你看着办吧。既无钱回家何必拼命呢，飞机还是不坐为好。北京人多朋友多玩处多，当然爱住，上海房子小又乱，地方又下流，人又不可取，还有何可留恋呢！

来去请便吧，浊地本留不得雅士，夫复何言！

她那句"人又不可取"说的是自己；"北京的朋友多"主要还是指林徽因，上海没有什么可留恋的，你就请便吧。"夫妻间没有真爱可言，多成怨偶，倒是朋友的爱较能长久。"她常提起凌叔华对她说的这句话，简直当成了座右铭，怕也是在发泄心中的怨吧。但是人非草木，她还是免不了真情流露，在信中"飞机还是不坐为好"的"不坐"下面画了四个着重号。

“你说我是甘愿离南，我只说是你不肯随我北来。结果大家都不得痛快。我这回正式请你陪我到北平来，至少过半个夏。但不知你肯不肯赏脸？”

事实让陆小曼如何赏脸，徐志摩就住在林徽因家的楼下。

据说，徐志摩经常去看望林徽因，都有了流言。陆小曼的信中有讽刺，但也有关切的语句，“近日甚少接家书，想必是侍候她人格外忙了，故盼行动稍自尊重，勿叫人取笑为是。”

是他们自己在毁灭自己的爱情，有人说不作死就不会死，他们是在作死。但是活着不就一直在“作”吗？不“作”，不折腾，那还是人的本性吗？明明相爱，却互相折磨。谁也不肯让步，这就是往死里“作”。这是人的习性，直到有一天事情真的发生了，才能醒悟。

徐志摩为了省钱，搭乘免费邮政班机，因为那天大雾，驾驶员一再降低飞行高度，飞机撞在济南西南的北大山上，三十六岁的徐志摩逝世。

“悲哀的最大表示，是自然的目瞪口呆，僵若木鸡的那一种样子，这我在小曼夫人当初接到志摩凶耗的时候曾经亲眼见到过。”这是王映霞对当时陆小曼的描述。她蓬头散发，脸也没洗，一下子老了好几个年头。她号啕大哭，几次昏厥。

徐志摩唯一留在现场的遗物就是那幅他随身带着给人签名的山水画长卷，见到这幅画，陆小曼又哭倒了。这幅画放在铁箧中，没有和其他的物品一起炸成灰末。她的画，他一直带着，她怎能再怀疑自己就是他最爱的人？

为时已晚！亡羊补牢，为时已晚！她沉痛地写下：

多少前尘惊噩梦，五载哀欢，匆匆永诀，天道复奚论，欲死未能因老母；

万千别恨向谁言，一身愁病，渺渺离魂，人间应不久，遗文编就答君心。

一时，陆小曼成了红颜祸水，指责漫天盖地飞来。

陆小曼的母亲更为女儿抱不平，“志摩害了小曼，小曼也害了志摩，两人是互为因果的！”郁达夫的话比较客观，他说：“情热的人，当然是不能取悦于社会，周旋于家室，更或至于不善用这热情的，志摩在死的前几年那一种穷状，那一种变迁，其罪不在小曼，更不在志摩自身……”

有些爱，就是毁灭性的，你不懂。

陆小曼对所有的指责无动于衷，志摩死了，这个世上再没有什么值得争辩。仿佛大彻大悟般，她喃喃地说："人生本是梦，梦长与梦短而已，还不是一样地一天天过去。等待着梦醒，好与坏还不是一样！"之前所有的热闹再引不起她的兴趣，这沉重的打击让她如梦方醒，从此再不去社交场合。

一生素服，有时画画，后来一心编辑、收集徐志摩的文章，要为志摩编全集。

徐志摩对陆小曼的爱是一种向上的拉拽，督促她，管教她，这让陆小曼心里不舒服。而为陆小曼按摩的翁瑞午是爱她本来的样子，陪她逛古玩店，上赌场，唱戏，打牌，还有一手能治小曼病痛的按摩功夫，只要她喜欢的，无论字画还是其他什么好玩的，全都送来。像贾宝玉说的："当初姑娘来了，那不是我陪着顽笑？凭我心爱的，姑娘要，就拿去，我爱吃的，听见姑娘也爱吃，连忙干干净净收着等姑娘吃。"翁瑞午对陆小曼也是百般呵护，他的感情不像徐志摩那样激烈，而是细水长流，让人舒服。

徐志摩死后，父亲徐申如每月给陆小曼两百块钱，可是陆小曼还拖着表妹吴锦一家，生活艰难。后来徐申如连这两百块钱也不给了，她的生活就全由翁瑞午负担。翁瑞午是陆小曼家的常客，他和几个朋友钱瘦铁、陈巨来、赵家壁、陈小蝶等在这里聊天。

有一天，翁瑞午说汽车损坏了，便在陆小曼的二楼烟榻上权睡一宿，后来常常如此，陆小曼独自上三楼去睡。徐申如就是从这天开始断绝了给小曼的生活费，原来他买通了弄堂口看门人，监视着翁瑞午的一举一动。翁瑞午知道后大怒，索性搬上三楼，在陆小曼一边另设一榻而睡。

翁瑞午出身世家，做着房地产生意，但是不太把心放在生意上。他爱玩，有点纨绔子弟的意味，喜欢唱京戏、昆曲，能诗善画，还能鉴赏古董，被胡适称为“自负风雅的俗子”。翁瑞午很随性，没有什么大的人生目标，逍遥自在，淡淡的如茶，如春风。那时还有一些人追求陆小曼，但陆小曼选择了这个温厚的人。

他让她觉得安心，他给她的感觉是“一直在的”。他给她买静安寺老大房的蛋糕，买老大昌食品店的西式点心。苏雪林曾回忆道：“翁瑞午站在她榻前，频频问茶问水，倒也是个痴情种子。”

陆小曼不让他离婚，一是为了徐志摩，二是为了翁瑞午的妻子陈明榴。徐志摩死后成为她心目中的丰碑，而陈明榴贤惠善良，小曼又怎么忍心叫翁瑞午把她丢弃。翁瑞午的随性让他曾做了一件荒唐的事情，他与陆小曼的女佣生了个孩子，后来还是由陆小曼抚养。陆小曼说：“我之所以一点都没有醋心，实在是由于我对翁瑞午只有朋友的感情，早已不存在什么爱情了。”

她的心定格在徐志摩的身上，以为与翁瑞午之间只有友情，甚至亲情，可是谁又能说这不是爱情呢？

浓情烈火、肝肠寸断是爱情；笃信不疑、细水长流也是爱情。

她静静地享受着这份静静的爱情。

胡适曾写信给陆小曼，让她到北京，由他来安排她的生活，但是她拒绝了。抗战胜利后胡适仍旧不死心：“可从速来南京，由我安排新的生活。”陆小曼没有正面回复他，只说：“瑞午虽贫困已极，始终照顾得无微不至，二十多年了，吾何能把他逐走？”陆小曼是重情重义的人，胡适真是白认识了她，竟然提出这样有违陆小曼心性的条件来。

陆小曼的眼光没有错，选择没有错。

翁瑞午是个至情之人，为补贴陆小曼的生活，救治她的病痛，也为讨佳人欢心，他先变卖家中古玩字画，后来连茶山、房产也都卖掉，倾家荡产，大有“撕几把扇子值几个钱”的贾宝玉豪情。在外人看来这是败家，是拎不清，但是从另一方面来讲，他又是怎样的痴人。

即使到了老年，陆小曼容颜憔悴，牙齿也掉了，枯槁的身体再没有几分力气，他仍旧陪伴左右，一往情深。真正的感情不会因为岁月的磨蚀而产生厌倦，就是这个纨绔儿也能羞羞那些“陈世美”吧。

翁瑞午呵护陆小曼至死无怨无悔，他临死时还把陆小曼的朋友赵家壁和赵清阁约到家里，抱拳嘱托：“今后拜托两位多多关照小曼，我在九泉之下也会感激不尽的。”

恰巧，徐志摩临死时，也曾与翁瑞午长谈，希望他能照顾陆小曼，果然飞机失事，翁瑞午担负起照顾小曼的责任，难道是冥冥中自有定数?

王庚又曾对徐志摩说：“我们大家是知识分子，我纵和小曼离了婚，内心并没有什么成见；可是你此后对她务必始终如一，如果你三心两意，给我知道，我定会以激烈手段相对的。”

陆小曼一生是个弱女子，幸运的是她遇见的每个男人，都对她呵护备至，爱入骨髓。与悲惨的萧红相比，她生命中的三个男人才算作男人。

蒋碧薇

爱过之后，他们成了彼此的地狱

在古代，“男怕入错行，女怕嫁错郎。”

女人的命运，就系在一个男人身上，多么可怕。直到现代社会，“被抛弃”的女人还耿耿于自己的婚姻，自己婚姻中的这段感情。像朱安，明明鲁迅并不拿她当妻子，她却还守在鲁迅的家里，让别人称她为周夫人，果然是嫁鸡随鸡嫁狗随狗，她不是自己，她只是所嫁的那个人的附属品。还有另一个女人，张幼仪，她可是强势的现代女性，可是，徐志摩移情别恋后，她仍旧恋恋于徐志摩的“原配”这个名号，仍旧逢人便说，在所有爱过徐志摩的女人当中，她是最爱志摩的。

有什么用?

人家弃你如敝屣，你却抱着人家的名头，标榜自己仍旧远远依随。还不是自取其辱。

真正的爱情容不得半点渣滓。

它与友情与亲情不一样，它是唯一性的，是无法宽容的。

所以，当徐悲鸿向孙韵君求婚，孙韵君的父母不同意，逼其另嫁他人，徐悲鸿极其沮丧，又回到发妻蒋碧薇身边时，蒋碧薇不愠不火，只淡淡地说："假如你和孙韵君决裂，这个家的门随时向你敞开。但倘若是因为人家抛弃你，结婚了，或死了，你回到我这里，对不起，我绝不接收。"

有些男人不懂，我回来了还不行吗？不行，我不要别人剩下的。

别人抛弃的东西我绝不接收。你是退而求其次，你把我当其次，你侮辱了我的爱情。蒋碧薇对爱情是有洁癖的，她拒绝得堂堂正正。徐悲鸿要吃"回头草"，她告诉他没得可吃。她要自己的爱情，你不在乎我，自有在乎我的人。

蒋碧薇后来在回忆录《我与悲鸿》中这样写道："如此我从十八岁跟他浪迹天涯海角，二十多年的时间里，不但不曾得到他一点照顾，反而受到无穷的痛苦和厄难……"

十八岁的蒋碧薇，不顾一切，与穷画家私奔。据说家人看到她恶作剧般留下的遗书，还真摆了灵堂。不然如何交待？她十三岁就已经与苏州名门望族查家二公子查紫英订了婚，两家可谓门当户对。

蒋家在宜兴也是大户人家，蒋碧薇的父亲蒋梅笙是一位学士，饱读诗书，办过学校。蒋碧薇在书香之家受着熏陶，隽秀优雅，气质卓绝，表面看上去安安静静，却有着自己的主见。

当时徐悲鸿父亲重病，他的压力非常大，在三家学校教授图画，往返有三十多里路，他为了节省路费，坚持步行。因为与蒋梅笙是同事，经常来蒋家串门，蒋梅笙对徐悲鸿的才学非常赏识。父母总在女儿蒋碧薇面前夸耀这个贫苦上进的青年，有一次还当着她的面说："我们要是再有一个女儿就好了。"言外之意是再有一个女儿就可以将她许配给徐悲鸿。

潜移默化地，蒋碧薇对徐悲鸿就有了好感。

蒋梅笙受聘上海复旦大学，去了上海；不知道是不是冥冥之中自有牵引，后来徐悲鸿因为要深造，也到了上海，半工半读。女性需要崇拜，更容易对她所崇拜的人产生爱慕，恰巧，在她父亲大学里上学的未婚夫查紫英又太不争气，有一次考试，竟然请求未来的岳父提前给他一张试卷，这让蒋碧薇非常蔑视。她的心自然转向了让她崇拜的徐悲鸿。

妹有意，郎有情。

徐悲鸿请蒋家一个远房亲戚朱了洲带去私奔的口信。“如果有一个人，想带你出国，你愿意吗？”蒋碧薇毫不犹豫地说：“我去，怎么会不去。”答案如此笃定，她的心早跟着那个人飞了，少女的心——天涯海角，生死相随。

徐悲鸿得到蒋碧薇肯定的答复后，欢喜异常。他先是为心爱的人想到一个心爱的名字：碧薇——蒋碧薇原名是蒋棠珍，祖父给起的这个名字从此被“碧薇”替代了。然后徐悲鸿订了一枚戒指，刻上“碧薇”两个字。

他深情地把戒指戴在她的手上，那一刻，一定是蒋碧薇此生最难忘的时刻。“今夕何夕，得此良人。”在爱情中的人如在幻梦中，醉一回，死也值了。

第二天，他们就相依相偎地开始了私奔之路，徐悲鸿带着蒋碧薇去了日本。

两个人下榻在一家叫“下宿”的旅馆里，日子过得非常清贫。酷爱艺术的徐悲鸿看到喜欢的日本仿制原画，就毫不犹豫地买下来。虽然蒋碧薇不买鞋子，不买衣服，但两个人身上所带的钱不到半年就花光了。

只剩下回家一条路。

蒋碧薇“死而复生”出现在娘家，风言风语就传出来了，好在蒋父蒋母都是开通的人，并没有怎么为难他们。而徐悲鸿找到康有为，用一幅画折服了他，弄到一个官费留学名额。学费有了保障，至于生活费，省俭一下总过得去，蒋碧薇还想自己可以做女工挣点钱。两个人再次启航，到了巴黎。

徐悲鸿进了艺术学院攻美术，蒋碧薇先练习法语，后来学音乐。这个时期，两个人的日子既甜蜜又清苦。因为初到异乡，没有别的朋友来分心，两个人之间就靠得更紧，更容易拧成一股绳，就像旅游中的情侣，一致对外，比疲沓地待在家里更关心彼此。

私奔也是爱情的一种纯粹形式。像刘震云的小说《一句顶一万句》中写的那样，几乎每对夫妻中都有一个人在偷情，没有爱情的婚姻像满溢的水往外寻求，可是最终不了了之，只有馒头房的女人和首饰匠扔下自己安定的生活，相约“跑”了。两个人，在火车站上，一个擦皮鞋，另一个卖洗脸水，两个人吃一块烤红薯，头挨得那么近，亲昵地有说有笑。他们抛家弃子，放弃一切，成全了自己的爱情。能够“私奔”的人，一定至情至性。

真爱，打破了“贫贱夫妻百事哀”的至理名言。“咸鱼白菜也好好味”，只要有你与我共聚。

国内连年战乱，徐悲鸿的官费总是赶不上支出的趟儿，两个人到了饿肚子的地步。有一次蒋碧薇硬着头皮去中国驻巴黎的领事家借钱，领事夫人很热情地与她聊天，她几次欲张口借钱，可是话到嘴边又咽下去。直到出了领事家门，借钱的事也没说出口。

大家庭里的小姐哪里求过别人，如今沦落到这种地步，也是委屈了她。一回到家蒋碧薇就扑到徐悲鸿怀里，呜呜咽咽地哭了，她抱歉地说：“对不起，悲鸿，我没有借到钱。”

徐悲鸿抱着妻子默默无语，作为一个男人，让正当好年龄的妻子离乡背井，跟着自己受苦，他的内心是苦涩的。

巴黎这个时尚之都，是豪门贵族的太太小姐们展示魅力的舞台，蒋碧薇自有她独特的魅力，可是，正值二十一岁的青春年华，却没有条件打扮自己。

一件别致的风衣引她驻足，穿在身上飒姿英爽。售货员一个劲儿地说，这衣服就像为她量身定做的，又端庄，又大方，老板也从旁边怂恿她买下来，可是蒋碧薇囊中羞涩，不好意思地脱下来，匆匆离开了。

她几次去那家商场，每次都要看看自己喜欢的那件风衣，却没钱买。

徐悲鸿觉得很愧疚，他唯有刻苦绘画，以改变他们的生活。有一次，他的一幅画卖了一千元，他连夜赶到那家商场，把那件风衣买下来。蒋碧薇穿在身上，激动地哭了。

蒋碧薇看到男人们都喜欢怀表，只有徐悲鸿舍不得买，她就在饭钱里一分一分地省，最终攒够了一块怀表的钱，给丈夫买了一块怀表。很多年以后，徐悲鸿去世时，这块怀表还揣在他的兜里。即使分开了，那段感情还在吧。过去不代表消失，它在时间的轴线上存在着，它一直存在着，那段相濡以沫的日子刻在心上，怎会抹去。蒋碧薇尽管决绝，但得知这一情景后也不由得怆然泪下。

情到真处，泪不由己。

那样的日子都熬过来了，蒋碧薇没有离弃丈夫。可是当徐悲鸿功成名就，两人却分道扬镳。且蒋碧薇的态度是那样坚决，也是爱之深，才会恨之切。

由爱转恨，恨更加惨烈。

从借钱那件事看，蒋碧薇的面皮非常薄，可她却对徐悲鸿的离婚开出天价，索要一百幅画，四十幅古画，还有一百万元钱。因为她值得，她付出的感情值那个价，她要拿回自己应得的。

在最困苦的日子里，两人恩爱相依，渐渐地有了一定的经济基础，有了孩子，他们还是陷入了柴米油盐的疲惫中。徐悲鸿醉心于自己的艺术，不理会家庭，对妻子顾不上。蒋碧薇不能接受这种被忽略的状态，没有关爱，没有呵护，家就像没有人居住的街道一样荒凉起来。再加上徐悲鸿和学生孙多慈的师生恋传扬出来，蒋碧薇更加愤怒。

她认为徐悲鸿是个自私的男人，她不顾一切投入自己的感情，而他给她带来的是：一场自由的私奔和新婚快乐、多年的奔波困窘、一次背叛、两次公开登报、片面声称与她断绝夫妻关系的人格侮辱。

不要逼得你的女人失了优雅。女人是具可塑性的，需要呵护浇灌。记得《半生缘》里姐夫祝鸿才觊觎曼桢花儿一样的清纯鲜嫩，囚禁并强奸了她。此后，曼桢在他眼中成了再普通不过的女人，他懊恼地自言自语：“跟了他的女人怎么都失了先前的那份鲜活？！”什么样的男人培植什么样的女人，你的每一份牵引都会产生效果。

徐悲鸿的冷落在蒋碧薇那里产生了反弹的效果，徐悲鸿的背叛更让蒋碧薇愤怒以致决绝。他背叛了他们的感情，他侮辱了他们的感情，就是侮辱了她。所以他们的矛盾是不可调和的。有人却说她的性格不能妥协于他的不专一。不怪他的变心，倒怪起她的不妥协来了，天理何在啊？不怪那偷自行车的贼，倒怪丢车人没锁好车，简直滑稽。

是徐悲鸿让蒋碧薇出离愤怒了，她要告诉人们她这个原配不是好欺负的。

1931年，蒋碧薇省亲奔丧途中，忽然接到徐悲鸿的一封来信："碧薇，你来南京吧，你再不来的话，我会爱上别人的。"他也知道自己不好，但就是管不了自己的心，蒋碧薇来了就能管得了吗？

徐悲鸿爱上的这个女学生是孙韵君。他故伎重演，又给心爱的人起名，为孙多慈，又做了两枚镶有红豆的戒指，分别刻字"大慈""大悲"。原来他所对你做的事情，也会对另外一个女子做。

孙多慈同样陷入徐悲鸿爱的罗网，得知徐悲鸿患脑溢血去世时，当场晕倒，不顾丈夫感受，为徐悲鸿守孝三年。后悔当初没有不顾地切阻拦，与徐悲鸿结为夫妻。一则她缺乏蒋碧薇那样的勇气，二则这个原配夫人实在厉害。

自尊心极强的蒋碧薇，无法容忍丈夫的出尔反尔，什么爱才心切，什么只有爱护之意，她一定要自己找出答案。蒋碧薇走进徐悲鸿中央艺术系的画室，瞬间映入眼帘的一幅画让她如遭雷击。这幅画题名《台城月夜》，披着白纱的孙韵君与深情款款的徐悲鸿坐在一起看月亮，敏感的蒋碧薇凭直觉感到，他们这微妙的关系，已撼动自己的家庭大厦。

蒋碧薇的感情崩溃了，没有哪个女人可以容忍自己的丈夫把另一个女子奉为偶像。她当即把这幅画搬走了，“这幅画，永远也不能让它面世。”

随后，她就让仆人把门前的一百棵枫树苗砍了，点着生火。这一百棵枫树苗是孙韵君赠给徐悲鸿的，可见她的恨与怒。徐悲鸿虽有怨怼，但也无可奈何。为了表示抗议，他制作了一枚印章，章上刻字“无枫堂”。

一些小报大肆渲染徐悲鸿的师生恋，而他自己爱上孙韵君的破绽也一一显露，徐悲鸿不知不觉地把蒋碧薇置于尴尬境地。

蒋碧薇是心气极高的人，她陪他共患难过来，临了，他却把她扔在一边。她才不做什么温良恭让、逆来顺受的旧式女子，她要争取自己的权利，她要维护自己的尊严。她和徐悲鸿大吵大闹。

蒋碧薇没有坐以待毙。

她先是去找孙韵君，说：“你以后少和我家徐先生来往，我警告你，徐先生是有爱人的。”她当着满宿舍的学生痛骂孙韵君，围观的人越来越多，还是学生的孙韵君哪里经得了这样的阵仗，脸上挂不住了。徐悲鸿甩卖自己的画为孙韵君筹备留学，蒋碧薇分别给国民党元老吴稚晖和朋友兼领导褚民谊写信，哭诉自己的委屈，希望阻止孙韵君出行。

吴稚晖给徐悲鸿写信，要徐："存天理，去人欲。"经过多方活动，孙果然未成行。蒋碧薇写信给孙韵君的父母，让他们"管教管教"自己的女儿。孙家也是有身份的人家，怎么会允许自己的女儿做出这样的事，赶紧将其催回了家，之后便张罗女儿的婚事去了。结果孙韵君很快奉父母之命，嫁给了国民党浙江省教育厅厅长许绍棣。

徐悲鸿转头回来，又想与蒋碧薇复合，蒋碧薇却忽然觉得一切索然无味。经过了这场战争，她累了，也灰心了，何必为一个并不懂得珍惜的男人消耗力气？何必与一个爱别人的男人苟且度日下去？

这一次，她是彻底凉透了心的。她指责孙韵君，"而他自己，更由于他的性格使然，一着错，满盘输，生活既不安定，情绪更感苦闷，于是健康的耗损，严重地戕害了他的艺术生命。时至今日，我敢于说：如果不是这场恋爱事件所导致的一连串恶果，他在艺术上的成就会更辉煌，说不定他还不至于五十八岁便百病丛生地死于北京。”

而廖静文却抱怨她的不是：“为了还清她（蒋碧薇）索要的画债，悲鸿当时日夜作画，他习惯站着作画，不久就高血压与肾炎并发，病危住院了，我睡在地板上照顾了他四个月才出院。”

廖静文是徐悲鸿追求孙韵君不成，又遇到的一位红颜知己，于1944年结婚。第一次为了孙韵君，徐悲鸿登报与蒋碧薇解除同居关系，这一次，又为了这个红颜，他再次登报说自己和蒋碧薇已经解除了同居关系。

这是男人的任性，既残忍又自私。好似故意，侮辱相濡以沫多年的妻子。难怪蒋碧薇恨他入骨。她把这两则消息从报纸上剪下来，镶在镜框里，以供瞻仰和示人。对于自己受的屈辱，她并不遮着掩着，这就是她的气势。不知道徐悲鸿来的时候，看到这个镜框作何感想。

他心里是有愧的，虽然嘴上什么也不说。他为了赶出蒋碧薇索要的一百幅画，废寝忘食，对于她的要求完全照办。后来蒋碧薇到了台湾，就是靠这些画过起滋润的日子。是因为他欠她的，他心甘情愿地给她，还是因为他欠她的，她要得心安理得。徐悲鸿还特意多给了一幅《琴课》。

这幅《琴课》还是他在法国时画的，画的是蒋碧薇练习小提琴的情景：一个优美的侧影，一袭典雅的旗袍，纤纤细手握着一把小提琴，俯首低眉，极其专注。不消说，是画家饱蘸爱意的笔墨才让她在画中如此静美。至死，这幅画都摆在她的卧室里。

蒋碧薇的性格里有孤注一掷、玉石俱焚的成分。她投入太多，就相应地要求多，苛责多，她把自己整个放进这段感情，于是在生活的矛盾中激发出严重的嫉妒、讽刺、控诉，这种方式只能让感情以决裂终止。

他们是彼此的地狱。

一路打将过来，终至心灰意冷。

心灰意冷的女人，最终会投入另一个人的怀抱。

早在巴黎的那段日子，蒋碧薇就有了一个极其痴心的爱慕者。

此人便是张道藩，他当时正在英国伦敦大学文学院美术部学画。徐悲鸿在画界已经小有名气，他是慕名而来。然而第一眼却被蒋碧薇吸引了，蒋碧薇红色上衣上点缀着朵朵黄花，下身一袭灰黄底色的长裙，犹如一幅泼墨画，站在那里。还有些书生气的张道藩怔怔地望着她， 再无心与徐悲鸿寒暄，直到徐悲鸿介绍说这是自己的夫人蒋碧薇。

原来已是别人的夫人，张道藩怅然若失。

直到1925年，徐悲鸿回国筹款，蒋碧薇一人留在巴黎，徐悲鸿托天狗会里的朋友们帮忙照顾妻子，他的这位“三弟”张道藩尤为尽心。

有一次，张道藩为了欢迎徐志摩，在家里摆了一桌牌局，邀蒋碧薇作陪。蒋碧薇打得挺起劲，可是天快亮时还是倚在沙发上睡着了。她一醒来，见身上盖了条毯子，屋里却空无一人。门是虚掩着的，外面传来脚步声，她走出去一看，张道藩正在外面踱着方步。他为了避嫌，竟在屋外踱了好几个钟头。

这是一个怎样细腻的男人啊，蒋碧薇又感激又惊讶。

蒋碧薇曾回忆说：“道藩最重感情，热情洋溢，乐于助人。悲鸿不在我身边，他确实帮过我很多忙，我对他寄予极大的信任，常常请他充当我的男伴。”

人非草木，日久生情。

终于有一天，张道藩给蒋碧薇写了一封热情洋溢的信，把自己那颗滚烫的爱心赤裸裸地奉上：

为什么我深爱一个女子，我却不敢拿出英雄气概，去向她说“我爱你。”

为什么我早有相爱的人，偏会被她将我的心分去了？

为什么我明明知道我若爱她，将使我和她同陷痛苦，而我总去想她？

为什么我一点儿都不知道她对我是否也有同等的感情，我就爱她？

为什么理智一向都能压制住我，如今离开了她，感情反而控制不住了？

为什么我明知她即使爱我，这种爱情也必然是痛苦万分、永无结果的，而我却始终不能忘怀她？你不必问她是谁？也无须想她是谁？如果你对我的问题有兴趣，请你加以思考，并且请你指教、解答和安慰；以你心里的猜度，假如我拿出英雄气概，去向她说“我爱你”，她会怎么样？假如我直接去问她“我爱你”，你爱我不爱？她又会如何回答我？

蒋碧薇吃了一惊，在“天狗会”中，我是他的二嫂，他是我的三弟。弟怎么爱上嫂？她要躲过这场爱情烈火。于是回了一封极其理智的信：“你既然这样爱她，对于她的性格和为人，你一定深切了解，那么她将会怎样回答你，你至少也该晓得个十之八九，又何必叫我来胡乱猜度？至于你说她会扰乱你的心神，你难道不能想个办法，不为她动心么？我倒劝你把她忘了……”

蒋碧薇很干脆地拒绝了，张道藩赤诚的热情遭受如此打击，心里很受伤，不久就与法国少女素珊订婚。素珊是个天真、纯洁、可爱的女子，她与张道藩在舞厅里认识。两个人的感情发展迅速，朋友们都觉得他们是天生的一对。可是在订婚宴上，张道藩却喝得烂醉，别人以为他是因获得佳人的兴奋而酒醉，蒋碧薇却明白张道藩心里的苦。

1927年初，蒋碧薇怀孕。

徐悲鸿得知这个消息非常高兴，两人相约回国。孩子是夫妻关系的粘合剂，这一时期他们的生活稳定和美，蒋碧薇曾欢欣地在日记中写道：“回到祖国，父母姐弟夫妻大团圆，又生了伯阳这个全家人当作宝贝看待的孩子，生活过得安定，精神十分愉快，有时回想过去十年的苦难艰辛，仿佛是一场惊骇恐怖的噩梦，而目前的欢欣快乐，就如一叶轻舟，荡漾在风平浪静的海洋里，两相比较，真有天渊之别。我常常想，像我这样结合十年方始有家的女人，在世间恐怕不多，此后，上天再不会把我的幸福快乐夺了吧。”

可是，徐悲鸿却爱上了别人。

徐悲鸿与蒋碧薇因为孙韵君的事争吵，徐悲鸿离家出走，写信寄回来说：“此后我按月寄你两百元，直到万元为止，两儿由你抚养。总之你亦在外十年，应可自立谋生。”

女人自然需要独立，但这话从嘴里说出来就成了残忍。被抛下的蒋碧薇整日落落寡欢，从前那个简单纯净的张道藩再次出现在她的生活中，扮演起温柔体贴的护花使者。现在的张道藩在国民党政府担任要职，事业上春风得意，婚姻上却与妻子素珊有隔膜，他的心里一直没放下蒋碧薇。

有一次，在一个大雪纷飞的夜里，他走进蒋碧薇家，一边说屋里好暖啊，一边把皮大衣递给佣人。

晚餐后，屋里只剩下他们两个人，张道藩在这安静祥和的气氛中陶醉地说：“屋里和屋外是两个世界，只有在你这里，我才感到温暖和舒适。”

又说：“最近我常常感到焦躁、烦闷，好像生命之火快要燃烧光了，只剩下了一点灰烬。”

没有爱情的人，自然觉得生活无味，生命蹉跎，刚刚开始已成灰烬。张道藩终于再次吐露心声：“我真想做一件什么事情。为了达成这个不能压住的愿望，我愿牺牲一切的一切。可是当我每次要下决心的时候，我会发现自己是这么软弱。因此，理想的未来，要我们自己去开拓，让我们面对现实。现在悲鸿已经离开你了，至于素珊——”

蒋碧薇却再次拒绝了他。

她思考着说："道藩，我对于爱情的观点，想你也许可以了解。我一向认为，珍贵的爱情，最好是局限于精神的领域。你和我都是尝过婚姻滋味的人，男女两性由恋爱而结合，有几个人能够享到真正的幸福快乐？我常在想，恋爱就像爬山，携手攀登，大家都在欢呼高歌；然而一到峰顶，无论是向前向后，就只有下坡路了。走下坡又是多么可悲的事。道藩，让我们永远保持心灵的感情。你要知道，唯有心灵中的爱是最纯洁、最美丽，而且是永远不朽的。"

这是一段充满哲思的话，面对徐悲鸿的离弃，她看透了婚姻的本质。

张道藩低头无语。过了许久，他才黯然神伤地说："我要走了。"

张道藩的锲而不舍和宽容让她心绪难平，她又给他写了一封信——

道藩：别后愁思纷纭，伤感万状，恨造物之弄人，痛遭遇之不幸，长此以往，宁能自已？薇本烬余死灰，爱河久逝波涛，岂料孽根未尽，情海重复沉沦；自维命薄，怜爱难承，每亲艺范，徒添怅恨，误人误己，罪深莫赎！此后唯求自拔，冀毋堕苦海，愿君亦理智自持，藉图解脱，庶几浩劫可免，亦已见相爱精诚也。临书抑恻，诸惟爱照不宣。

蒋碧薇最终“堕入”张道藩的爱河。

1937年，日军发动“卢沟桥事变”，南京城陷在一片轰炸中，徐悲鸿却半月半月地消失不见，蒋碧薇知道他又去找孙韵君了，心里是苦涩的，而张道藩第一次让她得到了被呵护的感觉。这一年的中秋之夜，为了不再让蒋碧薇承受日机轰炸的危险，张道藩把她安顿在自己家里。这样，两人住在了一起。

蒋碧薇是一个女人，她需要爱，需要被呵护，需要在受到惊吓的时候有一个男人的肩膀可以依靠，这是情有可原的。有些人却对她委身张道藩颇有微词，甚至她的儿女都不能理解母亲的苦衷，她只是想要一份让自己心里踏实的感情有什么错？错的不是她，是徐悲鸿太让她失望了。

男人丢下女人，女人没有义务再等他。男人对她没有尽到责任，凭什么再要求她等？

真正爱你的人绝不舍得丢下你，既然没有爱了，等，就是一场笑话。

珍惜眼前人，也是一种智慧。

两个人虽然相爱，但蒋碧薇名义上还是徐悲鸿之妻，所以他们更多以笔墨互通心曲。蒋碧薇用“雪”字，张道藩也取名“振宗”为之和应。蒋碧薇的古文功底非常深厚，她的信多用古体文写成，信虽不长，却显露了她的才华。他们做了二十多年的情人，情书写了两千多封，每一封信都饱含着道不尽的浓情蜜意。

蒋碧薇给张道藩的信——

宗：心爱的，我想你；我行动想你，我坐卧想你，我时时刻刻想你，我朝朝暮暮想你，我睡梦中也想你。

宗，我有一个谜语，要请你猜猜，若猜中了，我会给你一千个吻作奖品，若猜不中，那就罚你三个月不准吻我，下面便是谜语：

心爱的，我想你，我行动想你，我坐卧想你，我时时刻刻想你，我朝朝暮暮想你，我睡梦中也想你，我至死还是想你，到天地毁灭我也还想着你，可是有一个时候，怎么样也不想你。请你猜猜，那是什么时候？

张道藩给蒋碧薇的信——

亲爱的雪，我本来不愿意你用这个名字，因为雪虽然很洁白，但是太容易融化了；可是我现在叫你雪了，就让你自己所选的这一个字，永久留在我的心坎上吧……我的雪本来是人家的一件至宝，我虽然心里秘密地崇拜她，爱着她，然而十多年来，我从不敢有任何企求，一直到人家侮辱了她，虐待了她，几乎要抛弃了她的时候，我才向她坦承了十多年来深爱她的秘密，幸而两心相印，这一段神秘不可思议的爱，但是忽然人家又要从我的心坎里把她抢了回去……请问上天，这样是公道的吗？……

在防空警报响起的时候，张道藩帮助她和孩子一次次逃难，最后要撤退到重庆去。离别让人黯然神伤，蒋碧薇写信道："两月来倍承怜爱，梦寐难忘。念人生得一知己，可以无憾，抑天之遇吾，又何尝云薄哉！长大怅望，愁入云寰，漫书尺素，和泪寄君，惟愿相爱相敬相怜惜，相矢勿渝也。"

张道藩回信道："我的雪，千言万语，也说不尽我心中的悲哀，再多写又何用？我只希望彼此真正做到'海枯石烂，斯爱不泯'这八个字，那就好了，至于此后何时再能相见？如何能通情愫？全都无法知道，不过无论在任何情况下，请你记住，我是永远爱你的。"

“海枯石烂，斯爱不泯”，多么震撼人心的爱情宣言。张道藩是情热之人，是他让蒋碧薇品尝到了炽烈的爱情滋味。他还说：“请你拿一把刀来，剖出我的心，细细地看吧！我爱你！我爱你！千千万万个我爱你！一个人的心里在流泪，表面上还要装出笑容，天下事还有比这更苦的吗？我一想到你就快要离开我，我的心全碎了。我已经没有勇气生活下去！”

蒋碧薇捧着他的信，心弦颤栗，读之不忍。

在船上，蒋碧薇又写道：

“自君登舟，吾船亦启锭，更行更远，终于不复见君之影矣！噫，目断波光，故人何在？从此河山阻隔，地远天长，纵有情怀，凭谁寄语！惟寸心自矢，不负知己而已！”

又：“两日来离愁万斛，别绪千重，触目伤心，柔肠寸断，情思深几许，苦痛亦正相埒也！舟过九江后，沿途风景亦殊不恶，奈景伤情，相思更苦，只好逃避斗室，背人垂泪。”

张道藩即刻回信说：“两船相去既远，极目远望去，还可以看到你的脸部和手部，以后渐渐缩小，变成了白色的点线，最后连点线也看不到了。”

又：“我心不在焉，无时无刻不想你，藉着陪朋友饮酒为名，自饮茅台酒两杯，我还学你在酒里放糖，此情此境，更令我忆念及你，更不能不以酒浇愁。午夜就寝，走进房间，一见床榻，就卧其上，热泪满面了。这种生活再过下去，我必定会发狂的。”

是怎样的沉浸才会让一个人发狂？怎样的相思才会让一个人热泪满面？心心念念全是那一个人，再也装不下其他。这份感情如梦幻般美好且揪人，果真是一寸相思一寸灰，煎熬中的甜蜜。

可是，竟然有人把他们的感情，轻描淡写成可以随时放手的情人之爱：“对张道藩，蒋碧薇宽松很多，张道藩曾经答应，在蒋碧薇六十岁的时候娶她，可是，当蒋碧薇等到了那一天，张道藩提也没提，蒋碧薇淡然受之，不急不恼。”却不懂得他们已经超越了世俗之爱，心连着心，名分之类的已经不能干扰他们的爱情。

他温柔体贴，照顾她、帮助她、鼓励她、安抚她，给予她现世安稳和精神快慰，这都是实实在在的，她感受到了，人在她身边，心在她身上，还求那些形式上的东西做什么。他们一直处于恋爱中，深层次地体验了恋人们所能经历的快乐、等待、痛苦、折磨。这种心灵契合的精神之爱比名正言顺的妻子身份来得更加重要。所以当徐悲鸿从新加坡回国，该做选择的时候，她放弃了一个天才画家妻子的身份，而选择做一个真正爱她、呵护她的男人的情妇。

其实之前，张道藩一直是想签字离婚的，但是夫人素珊死活不同意："你利用了我又想甩掉我？"她觉得张道藩从头至尾把她当成了替代品，这伤害了她，侮辱了她，她绝不会拱手相让，即使没有爱情，也不罢手。她牵制着他们，或许这也是女性的报复心理。她以向新闻界特别是西方记者说出一切来要挟张道藩："不准离婚！"张道藩是政界名人，想到已有的名誉、地位、身份、前途，他只好屈服了。

反正素珊与母亲、姐姐、女儿去了澳大利亚，张道藩与蒋碧薇公开同居，过着夫妻一样的生活。1949年，两人到了台湾。

素珊一走10年。可是到了1958年，张道藩对蒋碧薇说："我到了澳大利亚以后，如果素珊她们提出想回台湾的要求，叫我用什么理由拒绝她们呢？"张道藩的性格里有软弱的成分，但蒋碧薇是聪明、坚强的，她早就悟透爱情并不一定要用婚姻来坚守，她选择离开。

她通透、豁达、怀着感恩之心，在最后的信中剖白这段感情说：“在20余年的缠绵悱恻里，我常在自怨自艾，为什么还要重投罗网，自苦苦人。然而我们却有10年的时间晨昏相对，形影不离，在迟年伤暮的时候，却绽放了灿烂的爱情花朵。10年，我们尽了3650日之欢，不顾物议，超然尘俗，了无遗憾。每想到你身系党国重寄，想到我们所处环境，以及你为了爱我所表现的牺牲精神，你确已使我获得莫大的荣宠和幸福。天下没有不散的宴席，我还坚持那么说：真挚的爱无须形体相连，让我们重新回到纯洁的爱之中，并重申我由衷的感激！”

一年后，张道藩逝世。

张道藩去世前曾给蒋碧薇打电话，当夜又写信——

自从我遵照你的意旨，迁出温州街九十六巷十号，至今已经七年多了，我没有一天不在想念你……我又听到了你的声音！当我听到你爽朗的声音时，我心跳不已。在惊喜之余，也许我有点激动，因而只简短地交换数语，一次向往已久的通话，便这么怅然地结束了。然而，通话后，十点半钟我便上床，直到深夜两点还是睡不着。我心知今夜失眠已成定局，不如爽性起来给你写信。这便是我忽然又跟你写信的由来。

——此刻已经是上午三点五十八分了，台风还不算大，雨势也不见得怎么猛，大概你所在的台北市区也跟草山一样。果若如此的话，那么我们大家又可以侥幸免除一场水灾了。我有许许多多的话要和你说，也有许多关于我们两人的文字，——我所写的文字要给你看。还有一件最重要的事必须与你商量，假如你不拒绝和我见面的话，请你指定一个时间，我将登门拜访，和你长谈一次……

余音袅袅，风烛残年的两个老人忆起往日情事，还是觉得那么温暖，那么贴心。只是张道藩还没有登门拜访，还没有给她看关于他们两人的文字，就离开了这个世界。

杨绛

一生只够爱一人

杨绛与钱锺书二人，堪称现代文学史上的绝配。黄河清在论及二人时曾说："钱杨伉俪，可说是中国当代文学中的一双名剑。钱锺书如英气流动之雄剑，常常出匣自鸣，语惊天下；杨绛则如青光含藏之雌剑，大智若愚，不显锋刃。"说杨绛先生是不显锋刃的"名剑"，毋宁说她是温润之玉，笔者遍读她的文字，找不出"慷慨激昂""大义凛然"这类东西，因为在她而言，抛形露骨，未免滑稽。

这并不意味着做人和为文无骨，恰恰相反，她的文字中有一种"硬骨"，然而这骨并不显出来，一显出来就成了做作；当然，也不存在隐而不显，她是对故意的"显"和故意的"不显"都没有兴趣，在她没有"故意"这回事。玉是浑然天成，剑是烈火锤炼，说钱杨夫妇是璧玉名剑，大约更为恰当。

杨绛，本名杨季康，出身无锡世家，其父杨荫杭毕业于美国宾夕法尼亚大学，是民国期间的一位法学专家，曾先后担任江苏、浙江两省的高等审判厅厅长，京师（北京）高等审判厅厅长，高等检察长之类的职务，由于为人耿介，后来罢职，在上海执业律师，当《申报》的主笔。杨老先生虽出身官僚，却没有官僚习气，对孩子们的教育颇有些西方人的“开明”作派。

杨绛在苏州上振华女校的时候，北伐战争正如火如荼，学生运动也此起彼伏，爱国学生经常上大街游行或演讲。杨绛本人虽然赞成进步，但并不喜欢抛头露面。当时学校有个不成文的规定，只要说“家里不赞成”，就可免于开会、游行、当代表。杨绛周末回家问父亲，可否借家里做“挡箭牌”，杨老先生却不同意，他说你不想去，就不要去。如果别人勉强你，你就讲明白自己的理由。

为此，他给女儿讲了自己亲历的故事。他担任江苏省高等审判厅厅长时，徐州军阀张勋入京，江苏官民都联名登报拥戴，他的下属擅自将其姓名也列入，以为既已登报，便再无法改变。谁知他勃然大怒，随后便在报纸上发了一个字号很大的声明，称自己并不曾拥戴。此举被同僚们看成是“不

通世故”。讲完自己的故事，杨荫杭还搬出美国总统林肯的话，“Dare to say no!”（敢于说不）

受父亲影响，杨绛次日到学校，申明自己不上街游行，当然对同学们上街，她也没做任何表示，此举令同学大为惊诧，简直是“岂有此理”。

杨荫杭教育孩子，要他们读书肯用功，却并不拿成绩当标准，但求的是真与诚，以及活泼的个性。他甚至说，那些每门成绩都考一百分的学生，不过是另一种“低能”。大概正是受父亲的这种思想影响，杨绛的成绩在班上并不是最好的，却培养了广泛的兴趣爱好，读了大量的小说作品。

有一次，学校邀请国学大师章太炎来演讲，讲题是“谈掌故”，教务长点名十五岁的杨绛做笔录。章先生到场后，杨绛才发现她不是坐在台下做笔录，而是也在台上，只是另置一桌，与章太炎隔着一小段距离。面对台下数百号听众，对章太炎侃侃而谈，杨绛近距离将这位大学者看了个够，笔下却一字未写。关于为何不做记录，杨绛在一篇文章里披露，对章太炎的杭州口音，她根本半懂不懂，就算有的话能听懂，她也完全不知所云，所以无从记录。

次日，苏州的报纸登了一则新闻，说章太炎先生来苏州做演讲，一个女孩子在台上做记录，居然一字未记。她的国文老师笑骂说：“杨季康，你真笨！你不能装样儿写写吗？”杨绛坦然“服笨”，因为装样儿的事她没有演练过，不会。

这倒颇有乃父的诚实作风。

杨绛的父亲虽历任高官，但不置产业，既不曾购入田产，也不曾购入房产，他认为国人大量置产，往往祸及后代，本可以有所作为或自食其力的人，因有祖产可以依赖，丧失了进取心，都成了废物。他教育孩子们要自立，在他们很小的时候就要做力所能及的事，在清理旧房舍的时候，连只有几岁的小儿子也要负责抓“鼻涕虫”和蜘蛛。

正是在这种家庭环境下，杨绛虽为名门大小姐，却凡事能亲为，且爽利明快，在钱锺书眼里不但是“最才的女”，也是“最贤的妻”。在英国留学期间，杨绛怀孕了住在产院里，有一天钱锺书跑来苦着脸说：“我做坏事了”。原来他打翻了墨水瓶，把房东家的桌布染脏了。杨绛说：“不要紧，我会洗。”

“墨水呀！”

“墨水也能洗。”

过两天，钱锺书又苦着脸来了，原来又干了坏事，台灯被他弄坏了。

杨绛弄清楚是怎样的台灯后说："不要紧，我会修。"

过了几天，钱锺书这个调皮的"大阿官"，又干了"坏事"，这次是把门轴弄坏，门轴里的珠子都掉了出来。杨绛依然说："不要紧，我会修。"在杨绛住产院的日子，钱锺书干了种种"坏事"，简直就像是一个离开娘的孩子，不知所措。杨绛的"不要紧"当然不是安慰话，她把桌布洗得洁净如新，也把台灯和门轴都完全修好。就动手这种能力来说，这位大小姐确实不负乃父之教，是有两把刷子的。

在产院时，英国护士好奇地问她："生产的时候，看你痛得要死，为什么不叫喊呀？"

杨绛说："叫了喊了还是痛呀。"

护士们面面相觑，惊诧地说："中国女人都通达哲理吗？中国女人不让叫的吗？"

杨绛尽管不喜欢凑热闹，但她的这种个性，不但"大阿官"钱锺书喜欢，留英中国学子们也喜欢，向达、盛澄华、林藜光这群年轻人是他们的常客，他们不但探讨学问，也探讨美食。后来，这些人都成了中国学术界的大家。

毫无疑问，对杨绛的一生产生重大影响的两个男人，一个是父亲，另一个是丈夫。中学时，有一次父亲问她："阿季，三天不让你看书，你会怎么样？”

“不好过”她说。

“一星期不让你看书呢？”

“一星期都白过了。”

父亲笑着说：“我也这样。”

父亲爱买旧版书，而且喜欢整洁干净，杨绛就承担起整理书籍的任务，她不但能把折角和卷曲的书籍整理清爽，还能把恶浊的线装书拆开重装。当然，她不止是“修理书”，她是像父亲一样“嗜书”。父亲通常上午工作，给委托人起草辩护词，她便在一旁悄悄读书，或者拿父亲用坏的长锋羊毫笔练字。

中午父亲休息前，会吃一点水果或干果，她就剥壳，把剥好的杨梅或核桃递给父亲。父亲午睡时，她照例给煤炉子加煤球，她有一手绝活，就是加煤时不发出任何声音，很受兄弟姐妹们佩服。有一次加完煤后，她悄悄退出父亲的房间，却被父亲叫住：“我喜欢休息的时候，有人陪一陪的，只是不许出声。”自此，父亲休息时，她便在一边读书，无声无息。

父亲为补贴家用，同时做着几件事。有一段时间他在中学教英文和数学，便经常“抓”女儿来替学生改课卷，那时候杨绛已经是东吴大学的学生了。关于就读东吴大学，还有一段“典故”。杨绛中学毕业后，最初想报考清华大学，但当时清华还未在南方招生，她不得不投考东吴大学。

念大三时，母校振华中学的校长，为她申请到美国威斯利女子学院的政治学奖学金，但这笔奖学金不包含食宿费用。她不愿增加父亲的负担，同时对到国外念政治学也没兴趣，她认为与其念外国的政治学，不如考清华读文学，结果还真给她考上了。在清华大学，她认识了自己的真命天子钱锺书。她的母亲曾说：“阿季脚上拴着月下老人的红丝线呢，所以心心念念只想考清华。”

杨绛与钱锺书初相识，杨绛就说：“我还不曾订婚。”

钱锺书说：“我也没有女朋友。”

1933年初秋，钱锺书从清华大学毕业暂回无锡老家，与杨绛鱼雁传书，不料“情书”被钱锺书的父亲钱基博误拆，恋爱便“曝光”了。钱基博看了杨绛的信，大为赞赏，干脆给这位没过门的儿媳直接写了一封信，并在信中将儿子予以托付。随后，杨绛也将钱锺书介绍给自己的父亲。

1935年，这对爱侣结为连理，这一年杨绛24岁，钱锺书25岁。尽管他们的父亲杨荫杭、钱基博都是思想开明的学者，但是同时又遵从传统，请了媒人为这对自由恋爱的情侣套了一个“父母之命，媒妁之言”的外壳。

这很可看作一个隐喻，钱杨二人虽然以留学为基础成就一生的事业，但并不像那个时代的启蒙学者一样激烈。他们是和顺而无行迹，学问上中西兼通，情绪性格上也是如此，既有中国传统士大夫的温润，也有欧洲绅士淑女的内敛。就行止而言，他们恪守“礼”与“传统”，这个传统就是贵族气。

婚后不久，杨绛随夫赴英伦三岛留学，杨绛戏称钱锺书是“拙手笨脚”，因为这位钱家的“大阿官”不但不会打蝴蝶结，而且穿鞋时分不清左右脚，刚到英国就摔了一个大跟斗，磕掉了门牙。

钱锺书就读的牛津大学在小镇“牛津”，这是一个分不清究竟是城市还是大学的地方，你可以说牛津大学在镇上，也可以说镇在牛津大学内，大学不但没有校门，而且也没有围墙，甚至连个挂牌的地方也没有，城市和大学浑然一体，总之学生们散居城内各处，自由租房，自负责任。

上课的时候，走进一所中世纪的院落的某一个房间，就算是进了“教学楼”，有时候一个教授带八九名学生，有时候教授和学生干脆就是一对一上课。这里弥漫着浓厚的学术气氛，同时也流溢着自由主义精神。

从小在父母庇荫之下的杨绛，一到牛津立刻就显露出她处事果断、麻利、得体的特点。她不但负责找到便宜又舒服的房子，而且把食宿和各种费用算得清清楚楚，使“大阿官”的学习生活有条不紊。根据杨绛在《我们仨》一书中披露，钱锺书是清华的官费留学生，而她最多只能算个“陪读”，主要是她不愿缴了大笔费用却把时间耗在枯燥的训练上，因而选择“自学”。

在牛津，一个人要是想学习，到处都是学习的机会。不少学院都允许学生旁听，只是正规的学生都有一件带飘带的黑布背心，相当于校服，旁听生自然没有，杨绛对此颇有“失学儿童的自卑”。不过，因为没有必修的课程，她也不必为“古籍装订”之类的课程浪费时间，可以大量读书。

牛津大学的图书馆有世界上最为丰富的文学经典馆藏，面对一整面墙壁书架的书，她给自己定下了课程表，决定一本一本地读。这里的读书环境优渥极了，她一个人占据一面桌子，自由地取书，想看哪本就取哪本，看不完的书还可以留在桌上，次日回来继续读。

牛津大学假期很多，一到假期，学生纷纷出去旅行，杨绛与钱锺书却甚少出游，他们把假期时间全部用来读书。牛津不但大学图书馆藏书丰富，市图书馆也有十分便捷的借阅服务，另外遍布各个角落的书店还允许在书架前站着看书，总之，在牛津绝不会发愁没有书看。

读书之外的时间，他们就用来“探险”，所谓探险，其实就是散步。牛津保留了各个时代的建筑，风格各异，有萨克森人修建的塔楼，也有诺曼人的碉堡和城垣，最多的是中世纪建成的学院建筑、庭院、小巷、店铺，无不流淌着时光的芬芳，他们像进入兔子洞的爱丽丝一样，对每一种新发现叹奇。

钱锺书通过牛津大学的论文考试，拿到学位后，曾借用一位英国学者的话说：“文学学士，就是对文学无知无识。”因为他觉得为了一个学位，浪费很多时间读意义不大的课程不值当。此后，钱杨二人便给自己定了一条“规矩”，不为文凭而读书，他们离开英国到巴黎，虽然在巴黎大学缴费入了学，但不以攻读学位为目的，而是按照自己定的“课程”读书。

照杨绛的话说，“巴黎大学的学生很自由。”

钱杨二人在巴黎一年，是真正的畅游书海。据杨绛回忆：“法文自十五世纪的诗人维容读起，到十八、十九世纪，一家家读将来。德文也如此……我们初到法国，两人同读福楼拜的《包法利夫人》，他的生字比我多。但一年以后，他的法文水平远远超过了我……”现代学者中，不乏读书种子，但如钱锺书这般学贯中西，读外文原典如长鲸吸川者，亦为罕见。杨绛与夫君能“共读书”，比之古人“红袖添香夜读书”的风情，又不知高出多少段位。

除了“相夫”，杨绛还得“育女”。她自创菜式，把鸡肉和英国腌咸肉放在锅里一起煮，加入平菇和菜花，没想到味道好极了。她还跟着房东咖淑夫人学做“出血牛肉”，很快就做得像模像样。她是一个讲求生活质量的人，依靠双手，不但节约经费，而且一家人的营养十分丰富，襁褓中的女儿圆圆（钱瑗）被她照料得健康结实。知识分子家的孩子，从小就在书堆里。杨绛为女儿买了一个高凳，还买了一本大书当玩具。那是一本价格低廉的《丁尼生全集》，女儿常坐在高凳上抱着大书看得煞有介事，还学父母的样子写写画画。

1938年，杨绛随夫回国，船到香港的时候二人分开了，钱锺书接受了清华大学之约，到西南联大去任教，而杨绛则带着女儿回到了老家无锡。由于国难，当时钱杨两家都避居于孤岛上海。由于居室狭窄，杨绛携女在两家之间奔走，有时候和父亲住在一起，有时候住在钱家。尽管后来钱锺书回到了上海，但不久又到蓝田去教书，杨绛毫无怨言地担起了养育女儿的职责。

二人虽不在一起，但心却在一起，据杨绛回忆说："锺书和我不在一起生活的时候，给我写信很勤，还特地为我记下详细的日记，所以，他那边的事我大致都知道。"

1941年，钱锺书回到上海，他带给女儿的礼物是一只外国橘子，由于两年不见，长成"小大人"的钱瑗已经不太认识爸爸了。她用警惕的目光看着爸爸，似乎不大乐意他接近妈妈，并且在当天的晚饭后发话说："这是我的妈妈，你的妈妈在那边。"用手朝另一边指了指。

钱锺书开玩笑地说："我倒问问你，是我先认识你妈妈，还是你先认识？"

"自然我先认识，我一生出来就认识，你是长大了认识的。"

听着丈夫和女儿间这样的对话，杨绛也乐了。这一幕简直就是现代版的世说新语。多少年以后，杨绛把这一幕写进了《我们仨》。我们能够从她的文字里感受到一种普通人的，平凡的快乐。与是否高级知识分子无关，这是一种用心营造的幸福，是可以触摸的，令人读来温暖的东西。

珍珠港事变之后，日本人对上海的控制加强，百姓的生活尤为艰难。这时候，杨绛身上那种“果敢”就显得特别珍贵，正是这种气质使一家人度过了困苦的生活。当时市民的生活用品是配给的，不但配给的食物十分有限，燃料也非常有限，有一次煤场送来三百斤煤末子，她高兴得不得了，果断接受了。

没有生活经验的人，大概要责备煤场没送成品煤球，因为煤末子还要自己动手再加工。杨绛却高兴煤末子是纯煤，自己动动手，掺上煤灰就可以自制四五百斤煤饼子，有了这些燃料，家人冬天就不用受冻了。她的一双手不但能自制煤饼子，还能教小学生，能写剧本，照她的话说，这都是为了“柴和米”。

在这段生活里，钱锺书的二弟和三弟都已离开上海，而留在孤岛的钱锺书，没有可施展才华的地方，大有依赖妇人生活的意味。然而，杨绛知道夫君身怀绝学，只是遭遇了一时之困，因而没有丝毫怨和忧。

这让我想起华人导演李安，大学毕业后的六年时间里，他没有遇到能展示自己才华的机会，一度陷入消沉之中，每天在家负责煮饭，接小孩，或者看报纸，上图书馆，这完全是一段没有工作的日子，然而妻子林惠嘉并无什么抱怨。

同样，后来李安拍电影出了大名，如日中天的时候，她也并无“妻以夫贵”之意，因为作为各自独立的两个人，他们是因为“爱”在一起，而不是因为“需要”或者其他的东西在一起。

杨绛和钱锺书之间，正是这样一种感情，他们首先是各自独立的两个人，然后才谈到爱，各自不独立，爱也不会纯粹。正是因为彼此在精神上独立，所以当另一方“没出息”时，关系不会分崩离析。

杨绛曾说：“忧患孕育智慧。”在孤岛时期的上海，他们备尝艰辛，也领略了人世的炎凉。正因人性凉薄，所以真正的朋友就显得特别可贵，陈麟瑞和李健吾就是这样的朋友。杨绛最初的戏剧创作，和陈李二人有很大的关系。

1942年冬天的一个晚上，友人陈麟瑞邀钱杨夫妇二人赴宴，作陪的李健吾提议杨绛写个剧本，当时尚在中学授课的杨绛便利用业余时间开始剧本写作，这样《称心如意》就诞生了。剧本经陈麟瑞过眼后又做了一番改写，当本子转到李健吾手中后，杨绛很快接到要排演的电话。由黄佐临导演，李健吾出演的《称心如意》大获成功，连日本作家鹤见佑辅也给予其很高的评价。

初出茅庐的成功，令杨绛一发而不可收。她先后创作了《弄假成真》《游戏人间》《风絮》等剧目，一时成为剧坛的黑马。妻子的成功，令钱锺书这位大才子也技痒了，他决定写一部长篇小说。据杨绛在《记钱锺书与<围城>》一文披露——

有一次，我们同看我编写的话剧上演。回家后他说："我想写一部长篇小说！"我大为高兴，催他快写。那时他正偷空写短篇小说，怕没有时间写长篇。我说不要紧，他可以减少授课的时间，我们的生活很省俭，还可以更省俭。恰好我们的女佣因家乡生活好转要回去。我不勉强她，也不另觅女佣，只把她的工作自己兼任了。劈柴生火做饭洗衣等等我是外行，经常给煤烟染成花脸，或熏得满眼是泪，或给滚油烫出泡来，或切破手指。可是我急切要看锺书写《围城》（他已把题目和主要内容和我讲过），做灶下婢也心甘情愿。

《围城》先后写了两年时间，每天大约写五百字。每天晚上，钱锺书把写好的文稿交给杨绛，她一边看，一边笑，钱锺书也跟着笑。看完稿子，她听他谈新的写作动向，这种闺房谈书的乐趣，大概只有赵明诚和李清照堪比吧。

在杨绛的支持下，《围城》最终完稿，出版后引起了巨大轰动，被李健吾称为“新儒林外史”，就连胡适也想见见这对夫妇呢。与胡适会面时，她才知道原来姑姑、叔叔都与这位胡博士是旧交，父亲杨荫杭还曾是胡适的老师。只是，人人都说“我的朋友胡适之”，她的父亲却从没提过这位学生，因为杨家人骨子里毕竟有一些傲气，不肯随便攀附。

比之钱锺书身上儒雅的学者气息，杨绛的身上更多的是艺术气质。她的文章内容是看尽世态的，但是遣词用语却丝毫没有老年人的气息，而是带着一股顽童气质，就是晚年所写的《我们仨》和《走到人生边上》，也带着绕不开的泼辣和调皮。周国平在《人生边上的智慧》一文中曾说：“我无法不惊异于杨先生的敏锐，这位九十六岁的老人实在比绝大多数比她年轻的人更年轻，心智更活泼，精神更健康。”

《走到人生边上》有很大的一个篇幅是谈鬼和命的，她没有从形而上来谈，弄出一大套理论来，而是从自己小时候的体验，亲历的算命盲人等事谈起，基本上是讲故事，而不是说道理。对此，笔者与周国平有同感，我实在难以相信，《走到人生边上》出自一个风烛残年的老人之手，这本书中所抱有的对世界的那种新鲜感，那种全新的感受，分明是来自一个年轻人的。

杨绛是毋庸置疑的才女，但与高处云端的才女不同，她身上有足够的尘俗气息，但这种气息使人不觉得俗气，反觉可爱。无论是她早期的剧本也好，还是作为“注释”出现在《走到人生边上》一书中的那些普通人也好，都折射出一个共同点——对最真切的现实的关注。她从未打算超尘脱俗，恰恰相反，她是入世的，她不止用眼睛去看，用耳朵去听，还用心灵去感受，从家里的女佣，到窗外树木上营巢的双鹊，都在她那纯粹的，空明的感知中。

一生守候一个人，一生只爱一个人。

生活可以很复杂，但其实也可以很简单。当丈夫和女儿都离她而去，她平静地说，我是留下收拾残局的。她的一生，说来并没有太多波折，甚至可以说并无多少传奇，但你不得不承认，她的一生足够有味道。她用平常的，普通人的方式，营造和守望着一种非常浪漫的生活。

苏雪林

独立女性的完美注脚

苏雪林曾说：“我死时，要在一光线柔和的屋子里，瓶中要有花，墙上要有画！”单是这一句，便招人喜欢。每个人都会死，西方人临死时若牧师在场便为之祈祷，是源于宗教的临终关怀。苏雪林只念有光，有花，有画，是因为她念着美，因为美就是她的宗教。

苏雪林是一个集作家与学者的头衔于一身的人，作家本质上是艺术家，天马行空，任性不羁，是创造者，是自己作品的上帝；而学者在本质上更接近科学工作者，大胆地假设，小心地求证；有几分证据说几分话，是论据的仆人。某种意义上，这两种身份存在矛盾性，一方会抑制另一方。然而，她却能在学术和艺术两个领域拥有同等的成就，实属罕见。当然，两种身份兼容的人并不在少数，但大多以一种身份为主导，而另一种身份是从属。苏雪林能集艺术家与学者的头衔于一身，除了要归功于她的天分，大概也和她的性格、情感经历、个人意志有关。

艺术家是上帝的孩子，他们有丰富的内心，敏锐的情感触手。苏雪林12岁就写出了“荷锄且种海棠去，蝴蝶随人过小池”的诗句，以之比古来奇才，亦不下之，可见其兰质清奇。苏雪林是安徽省太平县岭下苏村人，据《太平苏氏宗谱》所载，太平岭下苏氏系四川迁居而来，为眉山苏氏后裔，宋代文豪苏洵是其三十五世祖，苏辙是其三十四世祖。原来还有这么一段“故实”，且不论攀附与否，便以苏雪林之才，倒也配得上东坡苗裔，令人想来欢喜。

苏雪林，学名苏小梅，后来将“小”字去掉，直称“苏梅”，雪林是她的字，后世以字行。出身书香之家，七岁和兄弟们一起入私塾读书，所读的无非是《三字经》《千字文》《幼学琼林》一类的蒙童书。旧式家族，奉行“女子无才便是德”的科条，是不许女孩子入学读书的，让她入私塾识字已经是破天荒的例外了。

读了两年私塾，眼看着兄弟们都从私塾“毕业”，进了外面的学校，识得千把字的苏雪林，只好从叔叔和兄弟们手中借古典章回体小说来看，举凡《三国演义》《水浒传》

《封神演义》《说唐》均读得烂熟，就连《聊斋志异》《阅微草堂笔记》等文言小说也能读个半懂，还经常拿半透明的竹纸蒙在绣像小说上，画上面的人物，就这样完成了小女儿家的文学和艺术启蒙。

上帝关上一扇门，却又开启一扇窗。苏家是读书人家，子弟承风气之先，不但于传统学问着力甚勤，而且把当时流行的外国作品译本和报章杂志也带到家里来。少女苏雪林虽不能像兄弟们那样，正式入校读书，但却读了《史记》《汉书》的选本，对于唐宋诗词，元明杂剧与传奇，历代名家之作亦均有涉猎，严复所译赫胥黎《天演论》，林纾所译《茶花女遗事》《迦茵小传》《十字军英雄记》也看过了。她还向叔叔学作诗词，颇有小成。就像张爱玲小时候读父亲案头的书一般，她一生的成就和雄心，便肇始于这蓓蕾初放的阶段。

1914年，苏雪林之父因工作之便，迁居彼时的安徽首府安庆，一位曾留学日本的开明族叔，劝导苏父令女儿读书，苏雪林便进了一所教会创办的小学。可惜仅读了半年，学校便停办了，她只得随母亲回老家，继续她的“自学”生涯。

安庆省立初级女子师范学校在报纸上刊登招生简章，

苏雪林当即向母亲请求报考，却遭保守的祖母阻挠。据苏雪林回忆，为了读书，她“费了无数眼泪，哭泣、哀求、吵闹”，甚至差点自杀。旧式家族对女性的压制，仿佛在少女雪林的心里点燃了一盆火，她茶饭不思，举止痴狂，居然一个人跑到了一个离家半里地的林子里。那片林子名唤“水上”，草木凄凉，近有深涧，泉声如雷，平时少有人至。

她在林中徘徊了很久很久，只看到天上的云一片片飘过，树叶无声地飘落，不知名的小兽偷偷看她一眼，便着慌地跑掉了。她坐在涧边的石头上，好几次都想跳下去。可是，看着飞溅的水流曲折潆洄，嘈嘈切切，不禁想起母亲月亮般的眉眼和言语，便觉得天道悠悠，人世不尽。弃了死念，回去了。

她的执拗，好强，最终使家族中的“保守派”屈服，同时她还为堂妹们也赢来了去省城读书的权利。

念念不忘，终有回响。

少女苏雪林以第一名的成绩，考入安庆省立初级女子师范，一鸣惊人。在校读书三年，每年均名列第一。由于性格温良，能诗善画，颇得老师和同学们的喜爱，毕业后被推荐在附立小学担任教员，在这里她结识了庐隐，彼此成为闺中密友。

1919年，是中国近代的一个分水岭。

山雨欲来风满楼，苏雪林虽在小学教书，但也敏锐地感觉到了进步风潮。当时的北京，汇聚了一大批有“海归背景”的进步知识分子，就像是磁石吸引铁屑，追求进步的青年男女纷纷往北京跑，苏雪林也不例外，她和庐隐一起放弃教职来当“北漂”，在北京女子高等师范大学当旁听生。

当然，与先前一样，她“继续读书”的要求遭到了家族的反对，尤其是祖母，反应最为强烈，要求她立刻“完婚”，原来先前家人已经给她订下了婚约。她坚决拒婚，并大病一场，形销骨立，奄奄一息，几乎即刻就死，吓得家人乖乖投降。在女师大尽管是旁听生，但苏雪林十分努力，系主任陈钟凡看重她的才华，帮助她转为正式学生。在这个世界上，自助者必得人助。信然。

女师大多才女，石评梅、庐隐、冯沅君皆有文名，其中后二人还与苏雪林同班，而她们的老师正是引领五四风潮的人物——胡适、李大钊、周作人，均为之授课。当年5月4日，爆发了“五四运动”，苏雪林是亲身感受到五四风雨荡涤的人。盛锥于囊，必脱颖而出。

当年11月，她在徐志摩主编的《晨报副刊》上，发表了

《新生活里的妇女问题》，文章观点犀利，令人耳目为之一新。之后，她的白话文短篇小说《童养媳》在女师大校刊发表，舆论称其作品“辛酸刻骨，悲风满纸”，引起相当大的反响。就这样，苏雪林踏上了文学之路。

此时的她，不但给多家报纸撰文，而且还受《益世报》邀请，与同学周寅颐一起主编《妇女周刊》，一年下来刊载的各种题材文章达十余万字。当时的人将她与庐隐、冯沅君、程俊英三人合称为女师大的“四大金刚”，而她也当仁不让，以“五四人”自居。

求索不止的人，不会安于一地，困于一时。为了心中的目标，他们会冲破重重阻挠，踏上路途。1921年，蔡元培、李石曾等人与法国政府达成协议，在里昂创办中法大学，为中国培养人才。即将从女师大毕业的苏雪林得到消息后，甚至连文凭也等不及拿，就去应考，成为首批105名留学生中的一员。为了能够顺利成行，她向家族瞒住了消息，直到临行当晚，才告诉母亲。

别时，雷雨大作，雨线浇漓，在地面上冲出一条条沟壑。她穿着青色布裙，提着一只小小的柳条箱，撑着一把油纸伞，头也不回地离开了送别的族人，直到很远很远，才回望，只看到雨声中昏暗的灯影里父亲轩长的身姿，旁边的母亲在向她招手。

她没有止步，只是分不清，脸上是雨水，还是泪水。

苏雪林先在里昂艺术学院学习文学和绘画艺术，由于水土不服、营养不良，三年间经常患病，有一次差点死掉，幸亏医院的天主教修女悉心照料，才免于丧身异国。这期间父亲病故，母亲也抱恙，催促她尽快归国完婚。

为使母亲摆脱家族的强大压力，她于1925年辍学，提前回国，遵母命与从未谋面的张宝龄完婚。就像是飞鸟被剪断翅膀，扔进凡尘，这注定是一个悲剧。

鲁迅可以遵母命与朱安完婚，但还可以抗争，而苏雪林却不能，因为她是女人。女人的世界从来都与男人不同。像萧红说的那样，女人的天空是低的。

张宝龄的父亲是五金商人，家中颇有余财。张宝龄毕业于上海圣约翰大学，曾在美国麻省理工学院留学，也算是一位“海归人士”，无论是家世还是学历、人品，苏母为女儿所选的，似乎都是一个无可挑剔的夫婿。

大概心怀歉疚，尽管张宝龄并不是苏雪林喜欢的那一类人物，但她依旧委曲求全，忍了下来，毕竟这是母亲安排的婚姻。父亲在她海外求学时已经亡故，母亲最最放心不下的就是这个从小就不太听话的孩子，她的历次“逃婚”让母亲受尽族人的责难，海外求学更是令母亲几乎心碎。

如今，女儿已嫁，这位含辛茹苦的母亲似乎放心了，在苏张二人婚后不久，就撒手人寰。之后，苏雪林随夫到苏州定居，张宝龄在苏州东吴大学执教，苏雪林也被景海女子师范聘为中文系主任，同时在东吴大学兼任教授，为学生讲授古典诗词。

如果是旧式女子，则情感的痛苦大概会被刻意压制，隐没在水面之下，她将如芸芸众生一样，归于尘土。但苏雪林是一个受过进步思想濡染的新女性，在法国留学期间与未婚夫通信，她便已发现彼此不合，自己是不喜欢那个男子的。

在留学时代的开放式环境里，她也不乏追求者，甚至有一位勇敢的青年还向她求婚，她也曾为之心动过。然而，这抵不住旧式家庭的“遥控”，她人虽在海外，但一封封来自中国的信函却像锁链一样，使她受尽煎熬。父亲在信中怒斥她，母亲的信则句句都是哀求，她还能怎样，在新与旧的夹缝里，只能妥协。

客观地说，张宝龄并不是一个一无是处的人，他受过西式教育，思想开明，在大学里有教席，人品也不坏。问题在于要做一个艺术家的丈夫，光有这些还不够，不但要够浪漫，而且夫妻间要能够产生共鸣。可惜，张宝龄是一个典型的理工科出身的人，满脑子数据，根本不懂什么叫浪漫，更别说共鸣了。

因此，婚后过了没几年，二人的关系便告破裂，尽管没有离婚，但实际上分手了。

1928年，苏雪林以绿漪为笔名，出版了散文集《绿天》；次年，她又出版了长篇自传体小说《棘心》，需要注意的是这两本书都出版于苏氏婚后。后世的文学史研究者，往往以果度量因，这是不符合先因后果的逻辑的。尽管苏雪林发觉，自己与张宝龄性格方面的差异，但仍然对二人的未来心存幻想。实际上，他们婚后的确有过一段还算亲密的时光，这在《绿天》中可以证实。

苏雪林声称，《绿天》中所写的，有一半属于“美丽的谎言”，那么另一半呢？大概是真实吧。在中国的新文学史上，《绿天》曾被奉为散文经典，堪称一部关于情感的教科书。她笔下的爱情是一种明媚的、活泼的、充满人间气的健康情感，是可以昭示天下，在天地间荡涤的气息。

在那个新与旧的时代，文学作品里充斥着艳情、伤情、畸情以及各种灰色的情调，即便是一些新文学作品里，也多是控诉和无奈。在正常的感情范围内，人们似乎找不到合理的表达，或者说不会表达。而《绿天》写婚后的感情生活，笔法细腻，情感丝丝入扣，简直就是真实生活的再现。

她笔下对女子的心理描写，既不同于旧式小说中那种诗意和含蓄，也不同于新文学作品中那种泛滥和爆发，而像是一层层划开心灵的纹理，简直就是当时青年男女们内心的真实写照。

以《鸽儿的通信》为例，该篇以书信形式写一位旅居海外的女子思念丈夫，就像放出了一只触手，准确地拿捏住读者，但并未过度煽情触及泪点，只是令人倾倒。

所以，《绿天》一出版，立刻“洛阳纸贵”，连续三年再版，在之后的三十年里，仍然不断再版。一些青年男女甚至将《绿天》作为送给恋人的礼物。苏雪林的文字，风格独特，辨识度很高，据杨绛回忆，自己的母亲很喜欢看新文学女作家们的书，也喜欢苏雪林的作品，有一次看了《绿天》，笑着说：“这个人也学苏梅的调儿。”

杨绛对母亲说：“她（绿漪）就是苏梅呀。”

《绿天》的出版，使苏雪林名声大噪，出版该书的北新书局老板李小峰亲自在悦宾楼招待旗下的签约作家们，苏雪林与鲁迅、郁达夫、林语堂等名家同席，可见其当时名气之大。据说此次同席，便是她与鲁迅结怨之始，关于这宗公案，我们后面再谈。何以婚姻并不美满的苏雪林，以“撒谎”的形式写了一部反映美好婚姻的《绿天》呢？

当一个人在现实中无法如愿的时候，便转向精神世界，感情如流水，此处受阻，便流向彼处。就像烈火可以锻造利剑，寒水淬刃可以使之更加锋利。艺术家在感情上的野心无法获得满足，就转化为一种意志，并用这种意志去追求其热爱的功业。《绿天》的写作，只能算作苏雪林通过“幻觉”来达到自我情感满足的一种努力，却也是其后半生勤勉创作与庞大学术贡献的萌芽。

苏雪林是一个感情丰沛的人，但与丈夫分手后，却再也未曾有过情感归宿，后世的研究者大多认为，她骨子里依旧打着未褪尽的旧礼教的烙印，我不以为然。与当时的其他女性相比，她身上有太多的不同。旧时代的女性不能够独立，很大原因是经济不独立，受制于人。苏雪林则不同，她不但思想独立，而且经济独立。在女师大读书时，她已能靠稿酬自立，甚至还独当一面，为一家大报编副刊。哪怕是和张宝龄结婚后，他们也是各自经济独立的。

《绿天》和《棘心》的出版，使她名列当时最畅销的作家行列，稿酬非常丰厚，她不但自己生活宽裕，还经常接济亲眷，照料姐姐半生。

1937年，日军进攻上海，制造了“八一三”事变，居住在沪上的苏雪林，捐出自己积蓄的三千块大洋和重五十余两的两根金条，用以支持抗战。从这些都可以看出，她是从来不缺钱的。

在思想方面，从女师大时期，她已经在思考女性的独立问题，而游学欧洲，又使她对女性解放问题有成熟的理解。此外，她拥有属于自己的事业，从欧洲归来后，她先后在苏州东吴大学、上海沪江大学、省立安徽大学、国立武汉大学等高校任教，20世纪50年代初到台湾后又在台北师范大学、台南成功大学执教，直到1973年75岁时才走下讲台。

她一生中从来不缺朋友，无论是女师大时期的庐隐，还是在武大执教时期的凌叔华，都与她关系密切。当年在武汉大学执教，她与凌叔华、袁昌英同气连枝，在学术上比肩于当时的学界名流，有巾帼不让须眉之势，被称为“珞珈三剑客”。

在她的一生中，她内心的爱人是缺失的，她曾说：“我是只蝴蝶，恋爱应该是我全部的生命，偏偏我在这个上仅余一项空白。”但她从不缺少关爱，从早期对她关怀有加的老师陈钟凡，到后来经常关照她的胡适，再到她遍布天下的弟子，都挚爱着她。在她80高龄的时候，她的朋友和学生们为她庆生，专门出了一本纪念性的专集，里面收录了一百一十多篇文章，包含了对她早年生活的回顾，对她作品的评价。可以说，她始终生活在一个被关注，被重视的位置。

谈及苏雪林，令人想到莎乐美。莎乐美与丈夫结婚后，保有妻子之名，却让女仆代行妻子之事，她自己游历欧洲，给尼采、里尔克、弗洛伊德当灵感天使去了。苏雪林自20世纪30年代与张宝龄分手后，始终保有妻子之名，50年代到台湾后，因海峡相隔便再未见面，但彼此都未再婚，堪称奇事。

与民国的其他才女相比，萧红有才情，但缺乏独立的经济能力，在情感上有失理智，委身于一个又一个男人，四处飘流，缺乏稳定的生活，不但影响写作事业，而且健康受损，早早殒命，令人叹息；张爱玲流落美国后，度过了很久的颠沛流离。只有吕碧城和苏雪林最像，她们一生保持独立，独立生存，独立思考，内心充满理性的光辉。只是，吕碧城还是不能勘破情关，难免受伤。对于情，或许苏雪林也未勘破，只是不再触碰，对她而言，感情已经转化为一种意志。

自从1927年，完成《李义山恋爱事迹考》这本学术著作后，她在作家身份之外，也拥有了学者身份。打开唐代诗人李商隐的诗歌密码，一环环理清了千百年来，人们琢磨不清的“无题”诗的答案。就像获得了一把神奇的钥匙，她进入了一个令人目眩的殿堂。

她的学术研究，打破了从本土文献来研究文本的思路，她用《圣经》，巴比伦、埃及、印度、希腊的神话来比对中国古老的文献，从中发掘出线索，最终完成了180万字的皇皇巨著《屈赋新探》，这项成果为她赢得了亚洲华文作家文艺基金会颁发的奖项。

总受关注的人，大多难忍旁人冷落。令后人津津乐道的一段公案，是苏雪林与鲁迅“结怨”。1936年，鲁迅去世后不到一个月，苏雪林的长文《与蔡孑民先生论鲁迅书》公开发表，在这篇文章中，她称鲁迅“褊狭阴险，多疑善妒”“色厉内荏，无廉无耻”“玷辱士林之衣冠败类，廿四史儒林传所无之奸恶小人”，说鲁迅的杂文“一无足取”“祸国殃民”。

此后，她便扛起了一面“反鲁”大旗，从1936年到1966年，不断写文章攻击鲁迅，结集为《我论鲁迅》一书，自称是其“半生事业”。客观地说，苏雪林的“反鲁”文章颇有些泼妇骂街的味道，充满语言暴力，就连她尊重的胡适也看不下去，曾对她说：“凡论一人，总须持平。爱而知其恶，恶而知其美……鲁迅自有他的长处。如他早年的文学作品，如他的小说史研究，皆是上等工作……”

究竟是何缘故，使她对死后的鲁迅恨之入骨？

其中一说是“遭冷落”，苏雪林自五四之后，在文坛上如日中天，举凡出版商，报馆编辑，同辈作家，对她都是恭维的态度，但在1928年7月7日北新书局老板李小峰的宴席上，却有一人冷落了她，这人就是鲁迅。

据说，当时在宴席上，苏雪林一一与人握手寒暄，就连平时不肯轻易称许人的林语堂，也赞美了她，真有一种巨星驾临的范儿。但到鲁迅这里，她热情地伸出手，却碰了个大钉子，“大先生”不但没有握她的手，连一句多余的话也不肯说，只点点头，敷衍了事。

这令她着恼，碍于鲁迅名头太盛，骂他堪称“骂圣”，打笔仗恐怕打不赢，她恼是恼了，却无甚作为。所以，只有等他死了再骂。不过，此说仅为坊间八卦，真假无法考证。况且，这也未免太小看了苏雪林。

据她说：“我的那几篇反鲁文字，原来从鲁迅学来，正所谓‘以其人之道，还治其人之身’。鲁迅一辈子运用他那支尖酸刻薄的刀笔，叫别人吃他苦头，我现在也叫这位绍兴师爷吃吃我的苦头，不算不公道吧?”她这话说得倒也俏皮可爱，甚至有那么点刁蛮味道，大可从其中看出她年轻时任性使气的样子。

笔者在北京鲁迅博物馆，曾看到一册苏雪林赠给鲁迅的书籍，正是她的成名作《绿天》。扉页上题字“鲁迅先生教正。学生苏雪林谨赠。1928年7月4日。”从称谓和落款来看，苏雪林对鲁迅是执弟子礼的，不知在女师大的时候她是否听过鲁迅的课，但就辈分而论，她属于弟子一辈。

从她所写的评论文章《〈阿Q正传〉及鲁迅创作的艺术》来看，她对鲁迅的小说，评价也是极其高的。那么何以在鲁迅死后，评价就急转直下呢？我的一位对鲁迅颇有研究的朋友说，是因爱生恨。鲁迅在女师大执教期间，与部分学生过从甚密，在“女师大风潮”中甚至联络部分教员与校方对立，当时的鲁迅，不但是教师，更是偶像和后盾。一向思想活跃，不甘于落人后的苏雪林也不能免。

随着风潮的白热化，在对女师校长杨荫榆（杨绛姑妈）的看法上，苏雪林与鲁迅有不同意见，导致反目。民国时期不乏师生恋，鲁迅在女师执教期间，对一位女生产生了好感，且与之互相通信，而这个人并非苏雪林，而是许广平。会不会在许广平之前，苏雪林已对鲁迅暗生情愫？且二人间也有类似通信。因为没有依据，只能算是臆测，而无法定论。

还有一说，苏雪林对鲁迅的口诛笔伐是替胡适出头，因为胡适是她“最尊敬的文化人”，然而这些全都只是猜测。作为当事人，她从未开口谈及原因，而后来者，恐怕永远不可能知道了。

在艺术上，苏雪林是一个多面手，她小说、散文、杂文俱佳，还写出了质量上乘的剧本。此外，她还是一个画家。她拥有顽强的令人惊叹的意志力，一百岁时，还坐着轮椅，乘飞机回到阔别五十年的故里，在得意门生唐亦男教授的陪同下，坐缆车登上黄山看云海。

有些人的一生，像一簇火焰，熊熊燃烧后便告熄灭，如萧红；有的人的一生，像一朵飞云，在这里的天空中，在那边的天空中，都风轻云淡，如张允和；有的人的一生则像一条大河，起初淙淙有声，尔后锵锵有力，最后穿越高山，飞流三千尺，注入平湖，但不加停留，而是一直向前，最终注入生命的浩瀚汪洋，这就是苏雪林。

在中国近五十年的历程中，她给独立女性一个完美的注脚。

吕碧城

不言风月，只谈人生

有些人要历尽沧桑，有些人一开始就看破了尘世的熙熙攘攘。

《红楼梦》里，惜春生下来便是个冷丫头，薄凉寡淡，而贾宝玉却要经历温柔富贵乡，方知繁花盛放不过是浮云一抹。吕碧城介于两者之间，她似宝玉，拥有一切却不如痴如迷，又如惜春，通透高洁却不冷眼旁观。

“琼楼秋思入高寒，看尽苍冥意已阑；棋罢忘言谁胜负，梦余无迹认悲欢。”多少年后，看尽苍冥、意兴阑珊的吕碧城白莲香里、缟衣素颜，独卧青灯古佛旁。

老师严复曾经劝她“不必用功，早觅佳对”，但吕碧城袒露不嫁之意，热心的严复先生为此焦虑，写诗《秋花次吕女士韵》相劝，“只怜日月不贷岁，转眼高台亦成废。女嬛琴渺楚山青，未必春申尚林际。”意思是莫要荒废了青春，空留遗憾。他在日记里写道："此儿不嫁，恐不寿也。"

驻俄参赞胡惟德，对吕碧城的才华钦佩之至，属意已久，恰巧他的夫人在他出使日本时去世，他便准备续娶吕碧城，托傅增湘做媒。吕碧城拒绝了。他又写信寄到严复上海的寓所，请做周旋。可是当时严复正身在北京，严复的夫人朱明丽转寄，耽误了很久，待到严复接到信时，胡惟德已经与一美国女学生定了亲。

严复因此事怨责夫人，"……胡惟德有信与我，汝何把他先拆，又不将原函寄来，是何道理？"严复对吕碧城这次错过的最有可能的一桩婚姻，深表惋惜。可见这位老师如老父一般，对吕碧城牵挂着。

严复在给甥女何纫兰的信中说："碧城心高气傲，举所见男女，无一当其意者。"

优秀的女子有更优秀的男子青睐，可是太优秀的女子，往往高处不胜寒。自古以来，每一桩幸福的婚姻，都是男人比女人高出哪怕一点点，像小说《高女人和她的矮丈夫》中，仅仅是女人的身高高出了男人，就引来诸多猜测，承受路人异样的眼光。

男人想要的是"压得住"的女人，所以人中如龙凤的吕碧城，有点让人望而生畏，且她自己更是要往“上”找的。借用北大著名社会学家李建新的说法：“剩女”是个伪命题，因为男人如火如荼，都在你身边，你就是不嫁，要或者不要，是自己选的，是主动选择的结果，宁为玉碎，不为瓦全。

吕碧城是“唯一孤独无匹的事物”。

或许可以用学者秦燕春的评价对吕碧城的人生历程做一个解释：吕碧城的一生“不仅落难太早、成名太早、成功太早、富贵太早，且在智能层面‘开化过早’了”。太晚不行，太早也不行，只有“逢时”才能山出云。

说到吕碧城的落难，那时她才10多岁，就要为整个家庭奔走，因为父亲突然逝世，家中又没有男人，没有支柱。

父亲吕凤岐是清光绪年间的进士，曾任翰林院编修、山西学政等，后来因不满朝政日益腐败，不愿随波逐流，辞官还乡。但是打击不期而至，先是次子因受责备自杀，再是长子抱病身亡。他每日借读书遣怀，且督促四个女儿读书，以慰膝下无子的寂寥。

家中藏书三万卷，吕家姐妹个个饱读诗书，聪慧有才，吕碧城尤其出类拔萃，最得父母钟爱。有一次，她与父亲在花园漫步，父亲见杨柳依依，便随口吟道："春风吹杨柳，"没想到她张口便接了下句："秋雨打梧桐，"那时她才是5岁稚子，父亲不由惊喜异常。

吕碧城7岁时已能作画，笔下山水酣畅淋漓。时人称赞她："自幼即有才藻名，工诗文，善丹青，能治印，并娴音律，词尤著称于世，每有词作问世，远近争相传诵。"

可是，吕凤岐的隐忧终于成了事实。他刚刚过世，族人就欺负孤儿寡母，霸占他们的家产。吕碧城的母亲从京城回老家处理祖产，却被族人唆使的匪徒幽禁。这时，作为女孩子的吕碧城站出来，四处求援，写信给父亲的朋友和学生。

其中，时任江宁布政使、两江总督的樊增祥与吕凤岐是同年进士，并多有往来，看了吕碧城情辞恳切的信，马上施以援手。徽州官员不敢怠慢，救出了吕凤岐的妻子与另外几个女儿。

小小年纪便有这番功夫，这让从小与吕碧城定了亲的汪家起了戒心，竟然要退婚。吕家母女如今落到这步田地，也不与他们争执，就答应下来。在当时，退婚可是奇耻大辱，虽然后来吕碧城崇尚女权，成为新女性，这件事也不会对她毫无影响。

婚约解除后，母亲带着四个尚未成年的女儿投奔舅父严凤笙去了。严凤笙在塘沽任盐运使，家资颇丰，且也是一位饱读诗书的儒生。

20世纪初，维新变法引起的新思潮也影响了吕碧城，她的心开始往外飞了。恰巧，舅父官署中的秘书方小洲的夫人要去天津探访女学，20岁的吕碧城央求同往，思想保守的舅父不允许，严词骂阻，不许她离开塘沽一步。

第二天吕碧城就逃出家门，只身踏上了开往天津的火车。但是，出来得太匆忙，既没有旅费，也没有收拾行装，但是幸运的是，她在火车上结识了天津“佛照楼”旅馆的老板娘，这位老板娘帮她买了车票，还安排她住进了《大公报》所在的法租界附近的客栈，因为她临行前与方夫人约好在《大公报》馆见面。方夫人与《大公报》的社长英敛之关系很好，她就借住在《大公报》馆。

凑巧，吕碧城的信被英敛之看到，清秀的字迹和极佳的文笔吸引了英敛之，他便携夫人和方夫人一起去客栈见吕碧城。他们在“佛照楼”旅馆吃饭，席间，吕碧城的谈吐让英敛之侧目，邀请吕碧城去报馆与方夫人同住。

夜里，几个人聊天，英敛之提议让吕碧城把自己作的诗念给大家听，吕碧城只稍加思索，便在宣纸上写下一首《浪

淘沙》

寒意透云帱，宝篆烟浮。夜深听雨小红楼。姹紫嫣红零落否？人替花愁。

临远怕凝眸，草腻波柔。隔帘咫尺是西洲。来日送春兼送别，花替人愁。

小楼听雨，落红飘零，春去人也去了，离愁别绪，点点滴滴，怎不叫人愁煞？人替花愁，花替人愁，凄苦荒凉的人生况味尽在不言中。樊增祥说：“漱玉犹当避席，断肠集勿论矣，”他认为李清照和朱淑真这样的词坛女杰都有所不及，虽然有点言过其实，但是众人看了都为之赞叹，爱才惜才的英敛之，更是对吕碧城刮目相看。

她又随手写了一首关于女权的词，“晦暗神州，忻曙光一线遥射。问何人女权高唱？若安达克。雪浪千寻悲业海，风潮廿纪看东亚。听青闺挥涕发狂言，君休讶！”正契合了英敛之的心思，他早有倡导女权之心。所以，他当下决定，让吕碧城留在《大公报》馆。

吕碧城当时才20岁，便成为《大公报》第一个女编辑，这是她飞速成名的契机。

在英敛之夫妇的推介下，吕碧城认识了很多新闻界、教育界的朋友，还迅速熟悉了报馆的业务，很快便投入到《大公报》繁忙的编辑工作中去。仅仅数月，《大公报》屡屡发出她的文章，文采斐然的诗词，引起诗词界前辈们的赞赏。她的很多宣扬女权的文章，如《论提倡女学之宗旨》《教育为立国之本》《敬告中国女同胞》《兴女权贵有坚忍之志》等，引起强烈反响，尤其是新女性，更对她心向往之。一时间，吕碧城锐利新颖的观点成为街谈巷议的热门话题，她从此声名鹊起。

英敛之编发她的《满江红·感怀》时，特地让夫人以“清洁女史”的名义，附跋语推荐：

昨蒙碧城女士史辱临，以敝箑索书，对客挥毫，极淋漓慷慨之致，夫女中豪杰也。女史悲中国学术之未兴，女权之不振，亟思从事西学，力挽颓风，且思想极新，志趣颇壮，不徒吟风弄月，摛藻扬芬已也。

而《满江红·感怀》一出，便激起千层浪，人人传唱。

眼看沧海竟成尘，寂锁荒陬百感频。

流俗待看除旧弊，深闺忧愿做新民。

江湖以外留余兴，脂粉丛中惜此身。

谁起平权倡独立？普天尺蠖待同伸。

此诗引来清廷官员和诗坛名人的唱和，如袁世凯的幕僚沈祖宪，李鸿章之侄李经义，著名藏书家傅增湘，慈禧的三品女官缪素筠等。缪素筠盛赞吕碧城道：“飞将词坛冠众英，天生宿慧启文明。绛帷独拥人争羡，到处咸推吕碧城。”

此后，吕碧城像睥睨世俗的乔治·桑一样，自由出入男性社交场所，与他们一起吟诗作赋，赏花评月，谈笑风生，这在清末是一道奇异的风景。吕碧城自己描述当时的情景说：“由是京津闻名来访者踵相接，与督署诸幕僚诗词唱和无虚日。”

接着便是慕名者至，“鉴湖女侠”秋瑾来拜访，用门房的话说，是“来了一位梳头的爷们儿”。两人一见如故，仅仅四天便情同姐妹。秋瑾之前也有“碧城”之号，现在自己取消了，让吕碧城专用。两人还商议好，吕碧城在国内办报，用投枪般的文字与秋瑾在日本的革命活动相呼应。

吕碧城在《论提倡女学之宗旨》中写道：

女学之倡，其宗旨不外普助国家之公益、激发个人之权力二端。国家之公益者，合群也；个人之权力者，独立也。然非具独立之气，无以收合群之效；非藉合群之力，无以保独立之权，其意似离而实合也……

吕碧城办女学的志向也逐渐萌芽，英敛之帮忙四下奔走无果，恰巧在直隶总督任上广办新政的袁世凯授命傅增湘在天津办女子学校，教育学家严修又向袁世凯举荐了吕碧城，袁世凯对吕碧城早有耳闻，欣然应允。

所谓得道者多助，傅增湘总是带来好消息："袁督许允拨千元为学堂开办费，唐首允每月由筹款局提百金作经费"；英敛之亲自拟定章程，注册学校，邀请董事，组织会议等等；吕碧城的舅父严凤笙也来帮她筹办学校，与她一起审定学堂简章等。

舅父严凤笙来助吕碧城办学堂，还有一段趣闻。原来当时创建新学阻力重重，袁世凯故意拿反对新学的塘沽盐运使严凤笙开刀，将他撤职后命他来专门协助吕碧城办学。严凤笙"忍气权从"，但来到斥骂过的吕碧城手下办事，心里无论如何也不舒服，所以很快便辞职回了塘沽。吕碧城调侃地说："然予之激成自主以迄今日者，皆为舅氏一骂之功也。"

机会总是降临于有准备的人，怀才有可能不遇，但不怀才肯定"不遇"，说吕碧城幸运不如说她的才华难掩，像掩埋于地下的宝剑，远远地就有紫气升腾于斗牛之间，被张华挖掘出来。

北洋女子公学成立，傅增湘任监督，也就是校长，吕碧城任总教习。后改名为北洋女子师范学堂，吕碧城任监督，那一年她才23岁。一出家门便走到了人生的巅峰，办女学是开天辟地的事情，她又是女性，更是前所未有第一人。

但是吕碧城性格过于狷傲，常与人发生龃龉。舅父不愿意屈居外甥女之下，主动离职；她与代行监督凌女士也越加意见不合，凌女士辞去董事；连傅增湘、英敛之也相继离任，吕碧城成了孤家寡人，却个性依旧。慈师严复说："外间谣诼，皆因此女过于孤高，不放一人在眼里之故。英华（英敛之）、傅润沅（傅增湘）所以毁谤之者，亦是因渠不甚佩服此二人也。"

中国人讲究的是"家有利器，不可示人"，吕碧城却不管那些迂回曲折，她锋芒毕露。

1912年，袁世凯当上中华民国临时大总统，因为赏识吕碧城的才华和胆识，聘其为总统府机要秘书，后又任参政。吕碧城本想一展抱负，可是却发现官场钩心斗角，率性真实的她不适合在这黑暗的旋涡中应对，就渐渐灰了心。之后经常去上海陪母亲。直到1915年，袁世凯称帝的野心暴露无遗，她彻底失望，辞官南下，定居上海。

吕碧城弃文弃官，在上海开始经商生涯。

她也是商场里的天才，两三年时间吕碧城就积聚起大量的财富。用她自己的话说是："余习奢华，挥金甚巨，皆所自储，盖略谙陶朱之学也。"经济基础决定上层建筑，无论是鲁迅、张爱玲还是三毛，都很重视钱，因为钱可以买自由。不为生存所累，便可以"为所欲为"。吕碧城旋转于舞场，浪迹于诗社——由柳亚子等人创办的著名诗歌社团"南社"，聚集了一些才子如汪精卫、张默君、林庚白、铁禅、余十眉等，都与吕碧城有来往。

林庚白曾说："碧城故士绅阶级中闺秀也，惊才绝艳，工诗词，擅书翰……读之使人回肠荡气，有不能自已者。"可见吕碧城在诗社也是佼佼者。诗人易实甫也曾称赞她，"其所为诗文见解之高，才笔之艳，皆非寻常操觚家所有也。"评论家陶杰说，吕碧城的词"并非首首闺秀纤巧，而是烙印了时代的烽烟。手笔婉约，别见雄奇，敏感玲珑，却又暗蓄孤愤。”

吕碧城不但才华出众，且眉目如画，苏雪林曾赞誉她说：“从某杂志剪下她一幅玉照，着黑色薄纱的舞衫，胸前及腰以下绣孔雀翎，头上插翠羽数支，美艳有如仙子。”不过她的美貌不是东方女性常有的柔弱的美，而更像西方女性健康的美，“天然眉目含英气，到处湖山养性灵。”

如此才貌双全，富可敌国，长袖善舞，胆识过人，却为何独身之志益坚呢？当友人问及她，她自称，“生平可称心的男人不多，梁启超早有家室，汪精卫太年轻，汪荣宝人不错，也已结婚，张謇曾给我介绍过诸宗元，诗写得不错，但年届不惑，须眉皆白，也太不般配。我的目的不在钱多少和门第如何，而在于文学上的地位，因此难得合适的伴侣，东不成、西不就，有失机缘。幸而手头略有积蓄，不愁衣食，只有以文学自娱了。”

不在乎金钱门第、身份相貌，只要文学上有所建树，懂文学便是懂她，只有同一个层次的人才可以真正交流，否则鸡同鸭讲最是难受。其实吕碧城想要的就是一个精神伴侣，用刘震云的话说是“能说得来”，能让一个人心里舒服的不是物质，不是美貌，也不是才能，而是那一句话，懂得便

“一句顶一万句”。

可是，能与吕碧城在一个层面上的男人何其少，而且，不是年龄太大，就是已经结婚了。

英敛之对吕碧城竭尽心力，鞍前马后，不仅仅是爱才惜才，而是对吕碧城早有倾慕之心，他在日记中写有一首词，道：

稽首慈云，洗心法水，乞发慈悲一声。秋水伊人，春风香草，悱恻风情惯写，但无限悃款意，总托诗篇泻。

莫误作浪蝶狂蜂相游冶，叹千载一时，人乎天也，旷世秀群，姿期有德，传闻名下，罗袂琅琅剩愁怀，清泪盈把空一般。

款款深情，只能托于诗篇，期盼着她发慈悲一声，用了“乞”，可见英敛之当时的低姿态，他为她倾倒，“怨艾颠倒，心猿意马!”可是，他早已有了因爱情而结合的妻子爱新觉罗·淑仲。外间有了流言，妻子淑仲也不可能没有觉察。英敛之在日记中写道：“内人连日作字、观书，颇欲发奋力学……内人犹未眠，因种种感情，颇悲痛，慰之良久始好。”夫妻感情因为吕碧城，有了裂痕。

妻子淑仲暗自神伤，几乎要离家去北京念书。英敛之最终“发乎情，止乎礼”，回到了他君子的位置上，克制住对吕碧城的感情。

两人后来渐生嫌隙，愈行愈远，不能不说，吕碧城对英敛之也动过心。

英敛之对吕碧城的二姐吕美荪也颇为照顾，初见吕美荪便有相见恨晚之叹，他在日记中写道：“相处百余日，不惟无厌意，而甚恨时日之短促，此次登船故不放心，送之塘沽。”且为了送吕美荪耽搁了回程，在塘沽住了一夜。

后来吕美荪被电车伤了手腕，吕碧城送她住进医院，英敛之为她请了日本医生，还频频探望，殷勤备至，有时至深夜才回去。就是在这期间，吕碧城与二姐反目成仇，并扬言“不到黄泉勿相见”。

果然，至死，她都没有与二姐言和，几十年之后，她在《晓珠词》里写道：“余孑然一身，亲属皆亡，仅存一情死义绝，不通音讯已将三十载之人。其一切所为，余概不与闻，余之诸事，亦永不许彼干涉。词集附以此语，似属不伦，然诸者安知余不得已之苦衷乎？”

何以对亲人如此决绝？难道因英敛之待二姐殷勤，妒火中烧，只能迁怒于二姐？

她与英敛之亦是唇枪舌剑，吕碧城个性太强，有攻击性，有时得理不饶人，而英敛之是一个情感丰富的人，易于冲动，两人最终只会水火难容。

日久事多，两人难免发生摩擦，吕碧城又极有主见，遇事毫不避讳地抨击，有时会涉及英敛之，他对她渐生反感，在日记中写道："闻碧城诸不通语，甚烦闷"，甚至指责她"虚骄刻薄，态极可鄙"。

两人关系最终因《大公报》一篇批判女性打扮娇艳的短文破裂。吕碧城素喜欢奢华打扮，写文针锋相对地反击。英敛之在日记中写道："碧城因《大公报》白话，登有劝女教习不当妖艳招摇一段，疑为讥彼。旋于《津报》登有驳文，强词夺理，极为可笑。数日后，彼来信，洋洋千言分辩，予乃答书，亦千余言。此后遂永不来馆。"

严复说："此人年纪虽小，见解却高，一切陈腐之论不屑唾之，又多裂纲毁常之说，因而受谤不少……现在极有怀谗畏讥之心，而英敛之又往往加以评骘，此其交之所以不终也。"当年英敛之把吕碧城介绍给学者严复，严复收了这个女弟子，对她悉心教授逻辑学原理，在女权思想方面，又从她身上受到影响，两人虽为师徒，也是忘年交。

严复最知吕碧城，最能理解她的处世艰难。他说："初出山，阅历甚浅，时露头角，以此为时论所推，然礼法之士嫉之如仇……即于女界，每初为好友，后为仇敌，此缘其得名大盛，占人面子之故。往往起先议论，听着大以为然，后来反目，则云碧城常作如此不经议论，以诟病之。其处世之苦如此。”

严复对吕碧城有着慈父般的关爱，师长般的维护。他与她论及自由结婚，吕碧城慷慨陈词：“至今日自由结婚之人，往往皆少年无学问、无知识之男女。当其相亲相爱、切定婚嫁之时，虽旁人冷眼明明见其不对，然如此之事何人敢相参与，于是苟合，谓之自由结婚。转眼不出三年，情境毕见，此时无可诿过，其悔恨烦恼，比之父兄主婚尤甚，并且无人为之怜悯。此时除自杀之外，几无路走。”

这番观点在当今社会也是切中肯綮，一针见血。她在那个时代就看出自由婚姻也存在的弊病，眼光何其锐利，何其具有前瞻性。如今这个社会早已经不是媒妁之言父母之命的时代，大多数婚姻都是自由结合，可离婚率大幅度上升，有人对此很不解，当初明明相爱才结婚，为何又离心离德了呢？原因就在这里，吕碧城指出，无知无识的两个人不过是因为初相见的那份新鲜感，那份激情，贸然结婚了，因为提倡自由婚姻，旁人客观地看着不对，也不敢参与，等到慢慢相处下来，才发现，真不对，正是吕碧城所谓的“苟合”。那个时代还不提倡离婚，所以激进的吕碧城只看到他们的唯一出路，就是自杀。

当今社会有了离婚这条出路，倒是不用自杀了，但离婚也难免伤筋动骨一番。

所以结婚需谨慎。

吕碧城对感情，一直抱着这种审慎的、不即不离的态度，既不会像“情热”的人一心扑在感情上，也不会像受过伤的女子“十年怕井绳”。身边爱慕者不少，她冷眼看着，不轻易动情思，也没有人轻易动得了她的情思。

即使是风流才子袁克文。

据说袁克文死时，已穷困潦倒，只在他的笔筒里找到20元钱。可是，送葬队伍却有四千多人，更奇妙的风景是这四千多人当中有一千多来自青楼，她们头上系着白头绳，胸前挂着袁克文像的徽章，清一色的妓女，都是旧相识。

可见他对女人的吸引力。

有人提及袁克文，吕碧城只淡淡地说：“袁属公子哥儿，只许在欢声中偎红倚翠耳。”这样的断语一下子就把这个小她7岁的爱慕者打入冷宫了。

但袁克文绝非表面上看上去的那种纨绔子弟，他也像吕碧城一样，是“天才少年”，7岁读史、10岁能文、15岁作诗，琴棋书画无一不精，且很懂得鉴赏，为了收藏一掷千金。

他在文坛上早有诗名，虽风流不羁，却重情重义，且极富思想。后来袁世凯称帝时，没想到他最爱的这位“皇子”却写诗讥刺，“乍著微绵强自胜，阴晴向晚未分明。南回寒雁掩孤月，西去骄风黯九城。驹隙留身争一瞬，蛩声吹梦欲三更。绝怜高处多风雨，莫到琼楼最上层”。袁世凯一怒之下把他软禁起来，禁止他和那些“煽动”“扰乱”人心的名士来往。

袁世凯的皇帝梦83天就破碎了，果然应了袁克文那句“绝怜高处多风雨”。袁家失势，门庭冷落，袁克文也看透了世态人情，功名富贵不过是过眼云烟，他更是在美酒佳人堆里流连，“他人笑我太疯癫，我笑他人看不穿”。

这是后事。在这之前，袁克文曾与吕碧城有知己之情。

吕碧城因秋瑾被捕牵连入狱，一直倾慕她的袁克文准备营救她，他跟袁世凯一说，当即就放了吕碧城，“若有书信来往就是同党，那我岂不是也成了乱党？”

此后，吕碧城与袁克文经常聚在一起谈诗、饮酒，袁克文对这位才华横溢、清丽绝俗的女子起了心念，他经常把自己的诗文传给吕碧城看，吕碧城为他的诗词情致打动，心有所感，不由得与他唱和。他们很谈得来，他佩服她的傲骨，欣赏她的才气；她喜欢他的才华，倾慕他的洒脱，有时候会谈到陶醉。

吕碧城经常参加袁克文组织的北海诗酒聚会，后来到了上海，两人也是诗书不断，他们的关系就定格在诗词交往上。

吕碧城先前对袁克文下的定语让他只能把爱慕埋藏心底，内心再有波澜，脸上也云淡风轻。也许吕碧城对眼前这个人有了改观，但是她也明了，这个风流公子不会永远为她停留，与其有一天要承受失意的寂寥，不如从不开始。

于是，两人各怀心事，只谈人生，不言风月。对酒当歌，人生几何？滚滚长江东逝水，过了一秋又一秋，两个人你还是你，我还是我。

人生辗转，随着地理上的距离，他们也日渐疏远。

直到袁克文落魄失意，来到上海。此时的他再不似先前的风流雅致，而是意志消沉，在青楼里买醉，在烟榻上度日，卖字为生，日子过得拮据拘谨。吕碧城想到当年他对自己的情意，决定去见见他。但是当家仆递上名片，袁克文却推说在睡觉，没见。

他在日记中写下：“初十日，吕碧城女士见过，予犹未起，谢之。”虽简简单单一句话，却写得一笔不苟，可见他内心的波澜。今非昔比，无颜相见。

从此，两人断了联系。

1917年，吕碧城遇见一代高僧谛闲法师，谛闲法师说：“欠债当还，还了便没事了；但既知还债的辛苦，切记不可再借。”这里所说的债，当指尘世间的一切孽债。还完了才能冲破轮回，再不来这人间受苦。她听法师讲了两个多月的《圆觉经》，给自己起了法号“明因”，明因识果，自能放下。世事沉浮，一切皆空，何必执着。所有生出的妄念，都是纠缠，都是是苦，只有灭了妄念，才能成佛。

吕碧城虽然过着高贵、奢华的生活，内心却不由落寞。

她反复吟诵着李清照的“物是人非事事休，欲语泪先流”。

后来，吕碧城以上海《时报》特约记者的身份，到美国游学，学习美术、历史和文学，她还将前年游学欧洲的见闻一并写成《欧美漫游录》。并致力于“戒杀护生运动”，心中隐隐藏有禅意。

1929年，吕碧城在英国伦敦时，友人孙夫人捡到印光法师的传单，不屑地要扔掉，吕碧城却收着，遵法师之教，开始持诵圣号。从此，她摒弃外面的喧嚣，食素，护生，守五戒。

1939年，因为第二次世界大战爆发，吕碧城回到香港，她先住在山光道自购的公寓里，后来搬入东莲觉苑。从此不再写诗作文，而是翻译佛经。她供着观音像，早晚礼拜，她终于为自己寂寞的人生找到了信仰。

1943年，61岁的吕碧城在香港九龙辞世。“不到黄泉毋相见”，她死的时候，身边果然没有一个亲人。她遗言不留尸骨，火化后将骨灰和面为丸，抛入海中供养鱼虾之物。

她这一生既热烈又孤独，既璀璨又寂寞，正如她的绝命诗：“护首探花亦可哀，平生功绩忍重埋。匆匆说法谈经后，我到人间只此回。”这是她临死前在梦中得诗，遂抄寄友人。莫非她当真跳脱轮回，修成正果？

跋

民国十一钗

汤显祖在《牡丹亭》卷首题词中说：情不知所起，一往而深。生者可以死，死可以生。生而不可与死，死而不可复生者，皆非情之至也。梦中之情，何必非真？天下岂少梦中之人耶！言情及于此者，则指梦若实，不计死生了。

我下笔写十一个民国才女的时候，初旨便是写情事，然而一旦动笔写下去，便不能止于情。仿佛柳荫下的一叶小舟，欸乃一声拨开了碧绿的水流，朝前方划去，便看到了二十四桥的明月，听到了玉人的箫声。

写民国人物，是对一个时代的思考与感怀。客观地说，我们不可能完全真实地接近消逝的过往，无论是文献也好，图片资料也好，包括一些当事人的回忆也好，都不能。就像物理学上物质的衰变一样，一旦时光流逝，就意味着某些东西本身已经发生了变化，任何一种企图都是徒劳的。追忆民国11个才女时，我对此颇有感悟。

“子在川上曰，逝者如斯夫”。我认为，这句话并不是单纯地感叹时间的流逝，而是对自我“存在”的感知。我们读了一首诗，念及一个人，想到一些事，发现自己是时间流逝后“残存”的自己，这些人和事，原来都是和自己相关的。我们对某一些东西的怀念与回顾，掺杂着无意识的重构，场景的重设，回忆的偏离，然而却有另一种真实，就像写意画在表达意境上比拍摄的照片更加真实一样。

我们距离一个时代太远，就偏离那个时代的语境；而距离过近，又容易一叶障目。我读了很多关于民国的文章，也看了相当数量的专著，其中不乏一针见血的论断，精准考证过的材料，但这仍然是不够的，我隐隐觉得我们似乎偏离了方向。当下“民国风”大热，写民国的作品汗牛充栋，民国的才子才女们的情事，更是被翻了个底儿朝天，但我仍旧感觉我们所谓的“了解”可能只是一种误解。

寄神于形，犹魂魄在身。臻于状形固可精妙无间，然行尸走肉亦能如此耳。材料再丰富，挖掘再精细，有时候反而距离真实更加遥远。就像我们了解一个明星的恋爱史，了解他的爱好和星座，但就实质而论，我们所了解的，仍旧只是一个符号。我们回想一个时代，并不为挖掘八卦，最终我们的文笔所及者，常常是我们本身。

我喜欢张爱玲的小说，也喜欢王家卫的电影，他们都曾用自己的方式演绎民国，在细腻丰盛的虚构叙述中，有一种真实的存在。因此，在本书的写作中，我没有试图从材料的完备性入手。事实上就材料而言，对11个才女中的任何一个都可以独立写成一本书。我入手的方式，是片段式的，光影式的，像剪切镜头一般的方式，每一个人构成一种活法，十一个人就大致构成了一个民国才女图。

无论是临水朝花的林徽因也好，冰雪聪明的凌叔华也好，奇瑰廓大的苏雪林也好，她们的人生都有真情在，其中的“情”之真，不但体现在炽烈的一面，同时也体现在决绝的另一面。说起“情”字的这个真，与11才女相比，俗庸滥者动辄所说“真爱”，莫不有一股叶公好龙的味道。

真情者，即痴情者，情犹如天龙，其驾临必定风雨大作，霹雳万钧，懦夫会被吓得钻到床底下，莽汉徒自浇得一身透，都不能自心至身受之的，只有气魄够大，心智明朗的人才配拥有。

纵览十一个民国才女，吕碧城终身未嫁，却亮丽精彩；庐隐吃尽了苦头，照样活得纵情泼辣；林徽因惊鸿一现，众人侧目；陆小曼半生毁谤，丹青犹自堪称神品。情如诗，爱如剑，可惠于人，也伤人至深，但在一副皮相之外，真有天风吹过，我自有一方朗月清和的世界的意趣。就像《红楼梦》中的金陵十二钗，每个人物都有一个命运的册子，这11个民国才女而言，也都有这么个“册子”，只是这册子是她们自己来写的。

有些人，他们的生命可以被摧折，内心可以被压抑，却不能使他们苟且、异化。就像雪落大地，无论是储之于银壶，还是盛之于破缶，器之精陋无改雪之晶莹，被命运一次次打翻在地的萧红，在象牙塔授课一生的杨绛，在海外旅居半生的张充和……她们没有被困苦扭曲，也没有被世俗的生活固化，她们就是她们，她们活成了真正的自己。她们身上有一股范儿，不能不说这就是民国才女范儿。她们各自不同，但都带有民国的气息，她们属于那个时代，也把那个时代的风情带给了我们。

我曾看到过一帧张充和在北平时的老照片，那时她大约三十多岁，身穿旗袍，侧身坐于亭栏，臂上搭着一件大衣。整张照片并不是太清晰，却好像笼罩在一层光里，她的身姿、神情都令人过目难忘，真是人淡如菊，心素如简，由内而外的诗书气质，无论岁月的尘封多模糊，都遮挡不住的，这就是民国。

图书在版编目(CIP)数据

且修一世柔软心 / 青梧著. — 北京 : 人民交通出版社股份有限公司, 2019.5

ISBN 978-7-114-15395-2

Ⅰ. ①且…　Ⅱ. ①青…　Ⅲ. ①女性—名人—生平事迹—中国　Ⅳ. ①K828.5

中国版本图书馆CIP数据核字（2019）第050856号

Qiexiu Yishi Rouruan Xin
书　　名： 且修一世柔软心
著 作 者： 青　梧
监　　制： 邵　江
策　　划： 李梦霁
责任编辑： 李梦霁
特约编辑： 童　亮　刘楚馨
营　　销： 吴　迪　张龙定　陈力维
责任校对： 刘　芹
责任印制： 张　凯
出　　版： 人民交通出版社股份有限公司
地　　址：（100011）北京市朝阳区安定门外外馆斜街3号
网　　址： http://www.ccpress.com.cn
销售电话：（010）59636983
总 经 销： 北京有容书邦文化传媒有限公司
经　　销： 各地新华书店
印　　刷： 北京盛通印刷股份有限公司
开　　本： 880×1230　1/32
印　　张： 8
字　　数： 125千
版　　次： 2019年5月　第1版
印　　次： 2019年5月　第1次印刷
书　　号： ISBN 978-7-114-15395-2
定　　价： 46.80元